メディアアートとしての映像

映像アートとは何か？

伊奈新祐
INA Shinsuke

三元社

メディアアートとしての映像

映像アートとは何か？　目次

［凡例］

Videoの「V」の音表記について、文中では基本的に「ヴィ」としたが、展覧会名やグループ名については、発表当時のままに残した。私自身としては、二〇世紀末のデジタル革命以前を「ビ」、以後を「ヴィ」のように、大雑把に使い分けている。

既発表の論考には節見出しの下に当初の発表年を示した。ただし本書刊行にあたり加筆修正をしている。また、話題にしている年代をカッコ内に補ったところがある。

まえがき

私が小中学校の頃、映画を発明したのは、発明王エジソンであると教わったように記憶する。一九七〇年代に大学入学後、初めて〝リュミエール兄弟〟の名を知り、彼らがシネマトグラフ（映画）を発明したことを知った。大学院の時に「映像学会」が発足し、映画映像論をゼミの中で勉強し始めた。その頃、私はコンピュータアートやヴィデオアートの作品制作を中心にその関連の海外の文献を探しながら理論研究も行っていた。

教員になってからは、映像メディア論、映像論、映像文化史、映像芸術論、またメディアアート論などと講義のタイトルも変えながら、その時々の研究内容をまとめながら学会誌や専門雑誌などに発表してきた。その中の主要なものと、近年の講義ノートから疑問や気になっていた点など記憶に残る内容を取り上げて歴史的な流れに沿ってまとめたものが本書である。基本的な作品・作家・概念について解説するのではなく、あくまで私の視点から切り取ったものである。以下、簡単に各章の内容を紹介する。

第一章「映画前史・前衛映画」では、映画前史の優れた映像資料であるヴェルナー・ネケス（Werner Nekes）による《Film before film》（1985）や、前衛映画（アヴァンギャルド・シネマ）については、マルセル・デュシャン（Marcel Duchamp）の《アネミック・シネマ》（1926）を取り上げた。

第二章「実験映画・拡張映画・ヴィデオアート」では、構造映画の代表作のひとつであるマイケル・スノウ（Michael Snow）の《Wavelength（波長）》（1967）について、拡張映画として「映像パフォーマンス」「映像インスタレーション」の視点からまとめた。

第三章「TVアート・ヴィデオアート」では、TVの黎明期のアーティストであるアメリカのアーニー・コヴァックス（Ernie Kovacs）を紹介し、ヴィデオアートの始まりにおけるナムジュン・パイク（Nam June Paik）に関することや基本的なヴィデオ・システム（カメラ／VTR／モニターTVの三角関係）について再考した。また「アートとテレビ」では、ヴィデオアートの初期におけるTVとアートの関係の変遷を欧米のいくつかの動向を軸に「テレヴィジョン・アート」の視点から考察した。さらにアメリカのヴィデオ・アーティストの第二世代を代表するビル・ヴィオラ（Bill Viola）の作品を取り上げ、ヴィデオアートにおける時間表現について紹介した。最後に取り上げたのは、日本のヴィデオアートの初期の歴史を中心に簡略にまとめたものである。

第四章「デジタル時代の映像論」では、デジタル時代の映像論を探す中で出会ったレフ・マノヴィッチ（Lev Manovich）の著書『ニューメディアの言語』を中心に、作家でもある彼の理論を考察したものである。

第五章「ミュージック・ヴィデオ研究」では、デジタル化の進展とともに〝ヴィデオアート〟は終わったかのようにジャーナリズム的には言われてきたが、デジタル革命後は〝メディアアート〟に組み込まれる状況となったことを見ていく。日本では、センサー技術をベースとした〝インタラクティヴ・アート〟が話題となった時期にメディアアートのイメージが広く一般的に形成された感があるが、そのほかにサウンド系のメディアアートと、ヴィデオアートやアートアニメーションなどの実験映像系のメディアアートの三つが大きなメディアアートの系譜を形作っていると私は考えている。ヴィデオアートの制作研究当時からミュージック・ヴィデオとの関係に着目していたが、デジタル革命後のインターネット時代となり、デンマークの研究者であるコースガード(M. B. Korsgaard)の著書『Music Video After MTV』(2017)と出会うことで、あらためてミュージック・ヴィデオについて考察する糸口を得た感があり、現時点でのまとめを行ったものである。

＊

第一世代の実験映画やヴィデオアートの作家が徐々にこの世を去っている。私自身は第二世代の作家のひとりである。本書が、現在、映像制作を行っている学生にとって活動のヒントになり、実験映画やヴィデオアートなどの実験映像領域を研究対象とする若手の研究者の理論研究の参考になれば幸いである。

第一章　映画前史・前衛映画

映画前史から

映像作家でもありコレクターのヴェルナー・ネケスの《Film before film》（1985）は、「映画前史」の授業の中で参考作品として提供できるいまだ最良の参考映像資料のひとつである。発売当時はヴィデオテープで購入した。近年はネット上で見ることができたが、現在は著作権の関係でどんどん消されてきていて、二〇二二年四月現在ではポルトガル語字幕のものを見ることができた。シネマトグラフや映画の発明に繋がる様々なヴィジュアルデザインや映像玩具、カメラや映写機の発明に結びつく機械装置などをネケスは自らのコレクションを中心に解説してゆく。例えばソーマトロープ、フェナキストスコープ、ゾートロープなど、現在ではアニメーションの実習などの授業で制作したりすることもある。特に円盤を用いるフェナキストスコープは、一般にもよく知られるようになった。イメージの「ループ構造」「レイヤー構造」など、デジタル時代になった現在でもその基本構造の継承の認識は重要である。ソフトウエアとして今に受け継がれているものを再確認できる。

＊

映画の考古学、メディア考古学といった新しい分野が存在するが、現代のメディアアート作品の多くのアイデアをこの歴史の中に確認できる。歴史を学ぶことによって作品制作の多くのアイデアを探ることができるということは、まさに歴史はデータベースであるといえる。《Film before film》では、アジアのものは中国やインドネシアの影絵劇が紹介されていたと思うが、映画前史に関する授業の最後には、現在の「映像パフォーマンス」、「メディア・パフォーマンス」へと繋がる日本の「(江戸) 写し絵」(関西の錦影絵) について紹介している。ネット上で再現公演を記録した多くの映像を見ることができるが、影絵劇と共通する幻燈技術である。オランダ渡来のマジック・ランタンを和風にアレンジした幻燈機が面白い。デジタル・ネイティブの学生たちは、非常に興味深く見てくれる。映画のような再生上映とは異なるライブによるリアルタイム・イメージ生成のパフォーマンスである。

現在、コンピュータの高速化とグラフィック処理の高速化 (GPU の進化) によって、ゲームを中心にインタラクティヴなリアルタイム・コンピューティングの時代になり、ライブパフォーマンス性の高い映像メディア作品の制作が可能になった。私もダンスチームとのコラボレーションのためにリアルタイムのイメージ操作ができるソフトウエア TouchDesigner を勉強しながら使ってみた。映像をインタラクティヴにライブ演奏する感覚は非常に楽しい体験である。

＊

リュミエール兄弟による「シネマトグラフ (映画)」の発明において、カメラ兼プロジェクターのシャッター機構 (間欠的フィルム送りのメカニズム) の開発が重要であった。デジタル時代の現在でもフレーム・レート（一秒間のコマ数）として、コンピュータ編集の場合「29.97」（フィルムの場合「24」、アナログ・ヴィデオ時代は「約30」）といった数字が確認される。やはり必要なコマ数のフレーム画像を不連続的連続性として提示するメカニズムのイメージが必要だからであろうか。しかしながら、TVやヴィデオといった電子メディアのアナログ／デジタル映像の場合、すべてが信号の連続的流れであり、写真的な独立した画像は存在しない。ゲームのようなリアルタイム・コンピューティングの時代では、イメージの流れ・プロセスとしての持続的連続性を単位としているからだ。タイムライン上にイメージカットをならべるフィルム編集のプログラムのスタイルではなく、オペレーションを繋ぐノードベースのスタイルと考える方がふさわしいだろう。

＊

一八九五年におけるリュミエール兄弟による「シネマトグラフの発明」が〃映画の発明〃（映画館、映画産業のスタート）とされる。シネマトグラフは暗い部屋で多人数が同時に見るという「集団視聴環境」を前提に考えられている。しかしながら、TVやヴィデオの普及以後、メディアのパーソナル化の中でiPadやスマートフォンで映像を見る習慣が日常化している現代では、明るい部屋でひとりで見る「個別視聴環境」が中心である。それを思えば、一八九一年にエジソンの発明した「キネトスコープ（kinetoscope）」【図1】をあらためて〃映画映像の発明〃と位置付けても良いのではなかろうか。

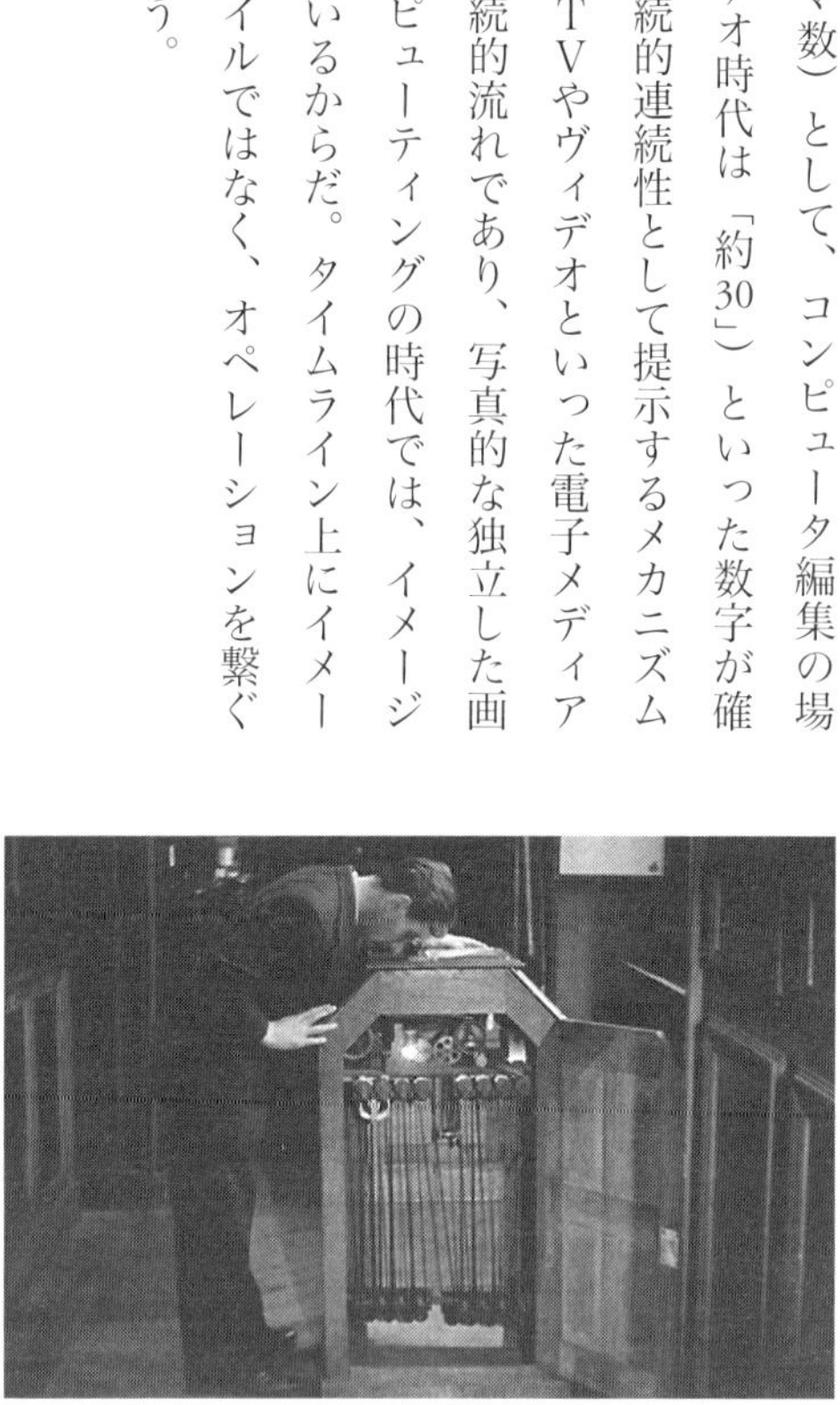

1 エジソンの「キネトスコープ」（1891）

デュシャンの《アネミック・シネマ》について

フランスやドイツを中心に一九二〇年代のヨーロッパ前衛映画の代表作を紹介する時、マルセル・デュシャンの映像作品《アネミック・シネマ（Anémic cinéma）》（1926）［図2］は、特異な存在である。美術家としてのデュシャン自身は有名であるが、その映像作品は一般的にはあまり知られていない。

《アネミック・シネマ》はデュシャンの「ロータレリーフ」というオプティカル・アート作品のような渦巻き状のグラフィックスをモーターで回転させたものを写真家のマン・レイ（Man Ray）の協力によりフィルムで記録したものといえよう［図2A］。二次元のイメージに回転運動を与えることで手前に盛りあがったり、トンネル状の奥行きを感じるなど三次元のイリュージョンが知覚される。

このようなグラフィックのイメージとフランス語で書かれたテクスト画面［図2B］が交互に提示される。イメージと文字テクストがレコード盤のようなディスク状のものとともに回転する。サイレント時代の映画の字幕のようにイメージと交互に現れる渦巻き状のテクスト。本作は本来サイレント作品だが、市販されているヴィデオテープやDVDには、とりあえずBGMとしてサウンドが付いている。最近のネット上でアップされているものにも、新たに音が付けられたバージョンがある。市販されているサイレント時代に制作された作品に

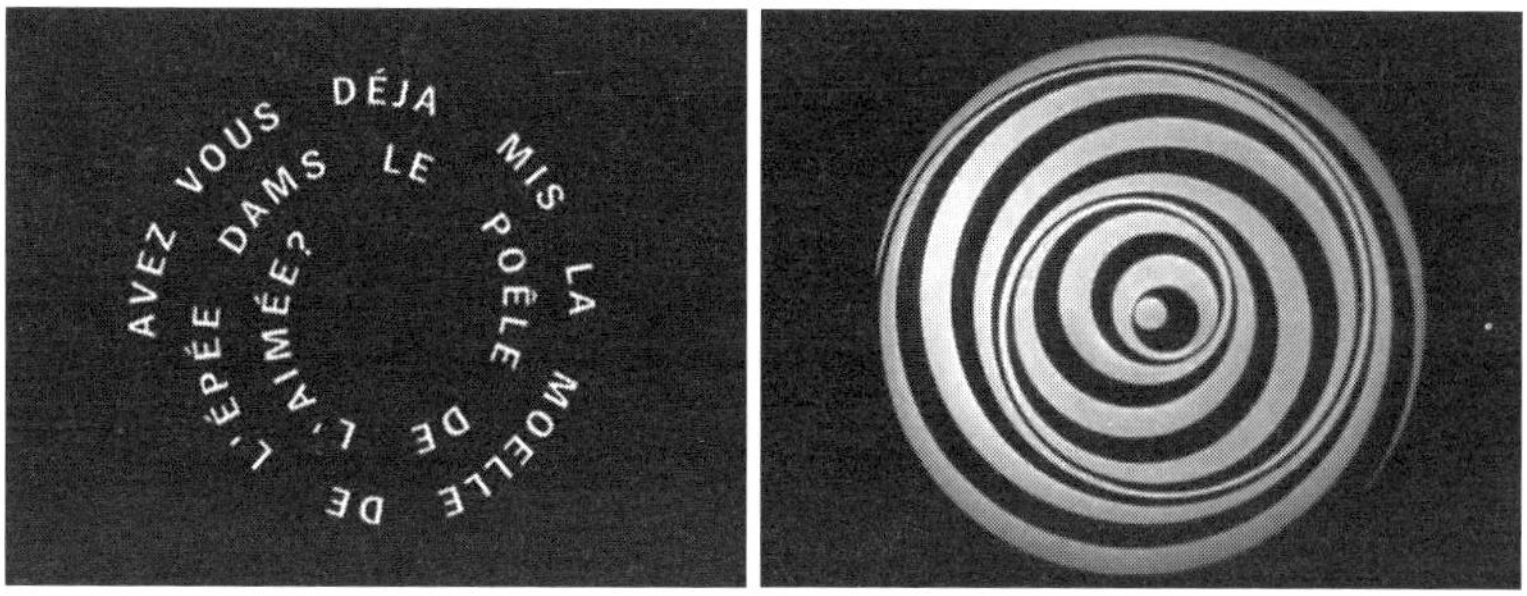

2　マルセル・デュシャン《アネミック・シネマ》（1926）

は、クラシックなどがサウンド・トラックとして付けられている場合が多いが、《アネミック・シネマ》の場合は、音なしで視聴する方が好ましいと思われる。というのは、フランス語のテクストは、目で追うことによって読もうとするだけではなく、（頭の中で）音化してみる必要があるからだ。私はフランス語を解さないので、最初から意味を求めなかったが、ある解説文でこのフランス語は意味不明な内容であり、〝駄洒落〟が重要であることが指摘されていた。エロチックな意味内容をほのめかしているようだ。つまりフランス語を読む時に生まれる音の問題である。確かにイメージも男女の性に関連するものを想像させる。

この作品をメディア的に捉えるとすれば、「写真・グラフィックスと映画の関係」として読み取ることができよう。フィルムは写真の連続をプロジェクター（映写機）によって光でなぞり・動化することによって2Dを3D化し、イリュージョンとして立体感（奥行きと盛りあがり）を知覚させる。一方、「文字テクストと蓄音機の関係」は、次のように見ることができよう。レコードプレイヤーがレコード盤上の溝の連続した信号を針でなぞり・動化するかのように、渦巻き状のテクストの言葉を目で追って読み、頭の中で音化する。

視聴覚的に「動化する」ことによって《アネミック・シネマ》は成り立っているといえよう。《アネミック・シネマ》のタイトルは、シネマ（cinema）のアナグラム的な言葉遊びであるが、古い本では、アネミックに近いフランス語の言葉から「貧血映画」と訳されている。目が回るようなイメージから納得したのであろうか。

第二章　実験映画・拡張映画・ヴィデオアート

マイケル・スノウの《WAVELEMGTH（波長）》について　［1980］

構造映画（Structural Film）とは、アダムス・シトニーによれば、一九六〇年代の神話的・心理的映画と、抽象的なグラフィック映画という二大潮流の混乱期に生まれた新しい傾向の映画である。その定義は「映画全体の形態が前もって規定され単純化された構造をもつ映画、そして、その映画の主要な印象は、その形態（shape）である」[1]というものであり、特にその印象は、オーバーオール（overall）な形態とされている。作品の特徴としては、カメラ位置の固定、フリッカー効果、ループ・プリンティング、スクリーンの映像の再撮影という四つの主要な手法を取り上げている。しかしながら、依然明確に捉えられていなかった構造映画は、シトニー自身やその他の評論家・作家によって詳細に理論づけられてきた。ここで具体的にスノウの作品に向かう前に、一九七四年に発表された、映像作家でもあるピーター・ジダルの「構造的／物質主義的映画の理論と定義」という論文を手掛かりに構造映画を概括してみたい[2]。

ジダルは、シトニーがいう構造的（structural）という特徴に加えて、物質主義的（materialist）という側面を強調する。機械的な唯物論ではなく、弁証法的な唯物論（materialism）が必要であると定義する。例えば、「反復の持続」という手法を通じて、フィルムの物質性、フィルムの構造、また映画的技術の同時存在が生み出す正確な変換を読み取るように強いるものであり、形態、あるいは、システムの発見がテーマとなると述べている。従来の映画における表象的に魅力ある感覚、あるいは、ある別の体験をさせるような、フィルムを媒体としてのみ使用する試みを最小限に留めようとする。主題・内容の再現ではなく、形式（form）自体が内容となり、形式的操作（operation）に着目する。問題となるのは、制作の手段・媒体の使用に対立するように現れる、その手続き（procedure）を可視化することであり、全体的に前景化されるのはシステムの組成である。現代芸術の動向との関連では、抽象表現主義やミニマリズムとの影響関係が指摘される。

作品における空間・時間という点では、文学性の濃いナラティブな映画とは異なり、イリュージョンとしての空間、モンタージュという方法の下で圧縮された時間は、観客とスクリーン・光・フィルムという実在的空間の抑圧として、また物理的なフィルムの時間の抑圧として考えられる。構造映画においては、作品の生成時間と観客の読み取り時間の一対一の対応、つまり、リアルタイムが明確に定義されたセグメント、あるいは全体として作品の中に利用されている。ジダルは、時間の様相を実時間、虚構的時間、相対的時間の三種として区別している。

一方、ジダルは、作品に対する観客の意識に関して「同一化（identification）」、「疎隔（distance）」、そして「再帰性（reflexiveness）」という概念に注目する。同一化は、見るものと見られるものとの内的関係が観客において意味の中に包み込まれるような心理学的定位の問題であるが、ここでは否定的で対立的概念とされる。というのは、形式的操作という無階層的で冷たく分離した展開によって、作品をオブジェとして、作られたテクストとして距離を置くこと、つまり疎隔化が求められるからである。この疎隔化が、観客と作品の弁証法的な相互作用を補強するとしている。この種の映画の弁証法は、物質主義的な平面性・テクスチャー・光・運動と、再現され想像される現実との間の緊張的空間において達成されると主張する。ジダルは、物質主義的操作によって引き起こされ、素材の操作を取り扱うような意識、自我に対する意識の現前化を映画的再帰性と述べている。従って「この種の映画を見ることは、同時にフィルムを見ることであり、フィルムが現前してくるのを見ることである。すなわち、作品を生み出し、作品によって、作品の中で生み出される意識のシステムを見ることである」〈3〉としている。

以上の構造映画に関する見方を念頭に置いて、具体的にマイケル・スノウの一九六七年作《WAVELENGTH（波長）》［図1］の分析と認識に入ることにする。

この作品の基本構造は、固定カメラによる四五分間の連続的ズーム・アップである。広いスタジオの一端から、通りに面した大きな一連の窓のある壁に向かってズームは進行する。最初、そのズームはどこまで進むかわからないし、ましてズームだけで終始するとも思われない。この部屋の中で、昼夜の経過と不連続的にある間隔で四つの出来事が起こる。しかし、その部屋の映像は、色のフィルタ、絞りの変化、反転、粒子のあれ、フリッカーなどにより寸断されながら進行する。最終的に、壁にピンで留められた海の波の写真とスクリーンが一致した所でズームは終わる。このズームの間、音響面では、四つの出来事に同期した再現音

1 マイケル・スノウ《WAVELENGTH》(1967)

に断ち切られながらも、正弦波音のグリッサンドがズームに並行して続く。以上がこの作品の展開であるが、スノウはこの作品について「見ることに関する――美と悲哀が等価なものとして挙行される時間のモニュメントの計画であり、純粋な映画の時間・空間の決定的な状況を作る試みであり、そして、〝イリュージョン〟と〝事実〟の均衡化について考えていた」〈4〉と述べている。このような彼の意図から察しても、スクリーンの平面性と映像のイリュージョンとしての深み・奥行き、あるいは、プロジェクションすることとプロジェクションされたものとのバランス、つまり、具体と再現、実在と不在、現実と非現実という位相の異なる両世界が調停されることなくオーバーラップされるバランスを、映像と音の両面から探究されていることが理解できる。

映像のこの部屋は、まさに可能性の領域としてあり、冷徹なズーム・アップという方向性と、空間の限定化を通して、観客は、イリュージョンとしての部屋を現実的な〝今〟の知覚として探索することになる。部屋の中での出来事は、物語性における隠喩的性質や有機的関係にあるのではなく、単なる時間的・空間的な所与としてみなされる。このような状況を、アネット・マイケルソンは、「不確定性から確定性へ」また「あらゆる主観的プロセスの特性であり、志向性の特徴として本質的な〝地平（horizon）〟の概念」、「期待（expectation）の地平」として説明している〈5〉。

ズームが進行を続ける時、我々は、視野の減少に比例して増大する緊張感を覚えながら、いくらかの驚きとともに、これらの地平が物語性の外形、つまり、意外な新事実への認識に向かいながら、膨張した時間性によって映像化された物語的形式の外形を規定するものとして認知する。それは、あたかも映画の空間を空虚にすることによって、映画的空間を行為の空間として再定義したかのようである。〈6〉

このようなマイケルソンの見方から、画面への人物の出入り、通りの雑音、画面の外での音などは、空間の広がりを暗示する素材として、また、二箇所のスーパーインポーズの場面は、過去の回想（少女の姿）、未来への予測（波の写真）として、その時間的地平を暗示していることが理解できる。最後に波の写真とスクリーンが一体化する時、この写真を作品における時間的・空間的な地平の連続性が収斂する場として捉えることができる。さらに、この壁の上の写真というスクリーンの平面性に対するトートロジーと、海原のイメージによる無限の空間への広がりという虚構性を同時に読み取ることもできる。

スノウは、この作品が基本的に再現的であることより、フェルメール的であることを望むとも述べている。十七世紀のオランダの画家であるヨハネス・フェルメールの絵画を実際に見てみると、その題材には、室内空間が多く、特に窓・壁・壁に掛かった絵というようなものが目立つ。《恋文》《画家のアトリエ》【図2】と題される二枚の絵を見ればわかるように、イリュージョンとしての画像空間は、その連続性が意図的に切断されている。遠近法という空間構成の厚みの中にありながら、その不連続性によって空間が切り分けられている。

2 フェルメール《画家のアトリエ》（1665-66）、ウィーン美術史美術館

《WAVELENGTH》との関係は明白であり、スノウは、フェルメールの画像空間をズームというカメラの運動、スクリーン、フィルムの性質などによって、時間体験へと変換していることが推測できる。

また、スノウは、《WAVELENGTH》について「その空間は、カメラの目（観客の目）で出発し、空中に、そして、スクリーンの上に、それから、スクリーンの中に（心の中に）存在する」〈7〉と述べている。ここから映像とその空間操作の関係を、「見る」という意識の動的様態の問題として取り扱っていることがわかる。ここで哲学者オイゲン・フィンクによる画像への現象学的アプローチは、より深い認識への助けとなりえる。フィンクは、「現前化と画像」という論文において、画像現象と画像意識との独特な相関関係に着目している。画像現象の本質構造として、画像は窓的性格をもつとされ、「その実在的側面と非現実的側面をもった窓は、画像意識という中動的作用（medialer Akt）の本来的ノエマ的相関者であり、純粋な画像現象自体にほかならない」〈8〉と述べている。ここで述べられている中動的作用とは、画像観照者に固有の〝自我分裂〟（分裂した自我）の意識の志向性のことであり、観照者が遠近法的に秩序づけられる画像世界の空間定位の主体であり、また、画面を実在的空間の中に組み入れる現実的世界の空間定位の主体でもある二者択一的事態を言い表している。「見る」という意識の志向性の作用を、ズームという時間経過の中でより顕在化させるものとして、《WAVELENGTH》の一連の操作・演出を解釈することができる。

スノウは、他の作品と比較する時、この作品は〝形而上学〟であると述べている〈9〉。ジダルの主張する物質主義的な側面は、確かに主要な特徴ではあるが、二次的な性格のものであり、結局、スノウは、意識の運動、あるいは、見るという知覚体験の力動性を探究するという、ひとつの哲学的場景を映像作品において教訓的状況として創設したといえよう。

映像パフォーマンス
――拡張映画、ヴィデオアートからメディア・パフォーマンスへ

［2000］

映像作品において、一般的に各上映ごとに作品の再生に差異が生じるかどうかは大きな問題である。基本的に機械的な再生であれば、上映のたびに作品の現出に違いがないことが前提とされているといえよう。しかしながら無声映画時代の活弁や生演奏による音楽の伴奏は、ライブでありパフォーマンス性が高い要素といえる。映画、テレビ、ヴィデオといった映像メディアの進展の中で、特に実験映画やヴィデオアートといった実験映像の歴史を中心に〝映像パフォーマンス〟について考えてみよう。

まず最初にプロジェクションという上映のパフォーマンス性に着目すると、実験映画の中でも拡張映画（エクスパンデッド・シネマ）の展開をまず確認する必要があろう。

シェルドン・レナンは、拡張映画の定義を以下のように述べている〈10〉。

映画製作のある特別なスタイルにあてられた呼び名ではない。それはいろんな方向へと通ずる一つの探求精神にたいして与えられた呼び名である。またそれは、一つの作品の上映にあたって、多数の、そしてあらゆる種類のプロジェクターを含むまでに拡張されたシネマである。それはまた同時に、コンピュータが作りだすイメージやテレビジョンの電子的イメージを含むまでに拡張されたシネマであり、ぜんぜん映画を使わずに、映画の効果を作り出すような地点にまで拡張されたシネマである。

一九六〇年代、芸術一般における作品の環境化や生活空間への浸透、そしてメディア・ミックスやインターメディアへの新しい状況・動向が映像制作にも反映されてきたものといえよう。まさに映画の単面スクリーンからマルチ・スクリーン、マルチ・プロジェクションへと拡張し、イメージを環境化する展開に拡張映画のパフォーマンス性を見ることができる。

一九二〇年代におけるヨーロッパ前衛映画の中でもアベル・ガンス（Abel Gance）の《ナポレオン》（1927）は、「トリプル・エクラン」として知られる三面マルチ・スクリーン構成によって有名である［図3］。またオスカー・フィッシンガー（Oskar Fischinger）は、複数の三五ミリのフィルム・プロジェクターとスライド・プロジェクターによってコラージュ上演を行っている。アメリカで最初に試みたのは、椅子のデザインで知られるチャールズ＆レイ・イームズ夫妻（Charles & Ray Eames）であり、博覧会の展示映像としてマルチ・プロジェク

3　アベル・ガンス《ナポレオン》（1927）

ションの作品を制作している（《アメリカ合衆国展望》1959、《科学の家》シアトル万博の科学館、1964、《考える》ニューヨーク万博のIBM館、1964）［図4］。様々なアーティストとエンジニアによる協働を前提とした制作活動が一九六〇年代後半から顕著になるが、日本では一九七〇年の大阪万博からマルチ・プロジェクションの作品を見ることができる。特にマルチ映像のシステムに関しては、《つぶれかかった右眼のために》（1968）において三面マルチ上映の作品を実験制作していた松本俊夫がディレクションした「せんい館」での《スペース・プロジェクション〈アコ〉》の上映システム、また「三井グループ館」における山口勝弘によるトータル・シアターをあげることができよう[11]。以後、マルチ・スクリーンによる映像展示が盛んに実験され、映像博といわれたつくば科学万博（1985）などにおける映像展示へと引き継がれていく。

アンダーグラウンド映画においてマルチ・プロジェクションの探求が本格化するようになったのは、一九六五年の「ニュー・シネマ・フェスティバル1」の開催あたりからである。特に注目に値する実験映画作家はスタン・ヴァンダービーク（Stan Vanderbeek）である。彼は〈ムービー・ドローム〉［図5］と呼ばれる半球形のドーム劇場空間を自ら建設し、マルチ映像の実験制作と上演を行っている。《ムーヴ・ムービー》では、固定のプロジェクターのほかにポータブルの五台のプロジェクターを観客席に持ち込んで投映した。観客はプロジェクターを操作する人を同時に見るフロント・プロジェクションによる上演であった。すべてリア・プロジェクションによる自動化されたシステムで見せる映写空間を特設して上演する

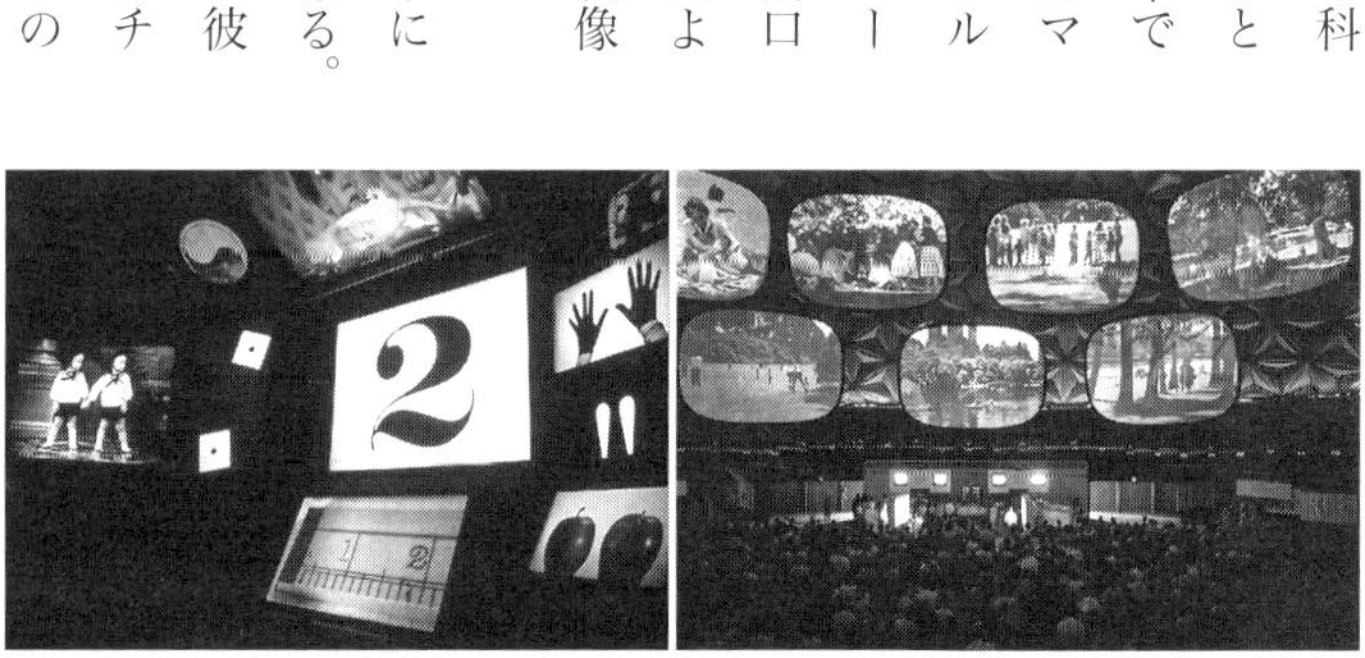

4
チャールズ&レイ・イームズ夫妻による博覧会の展示映像
右：《アメリカ合衆国展望》（1959）
左：《考える》ニューヨーク万博のIBM館（1964）

USCO（USカンパニーの略）という芸術家と技術者からなるグループの活動も知られている[12]。映写機による映写行為そのものが音楽でいう演奏行為のように前景化され、画面の運動、複数画面間の動的関係構成が新たな上映時の課題となり、上映空間の新たな設計も考慮されるようになった。

アンディ・ウォーホル（Andy Warhol）は、まったく無関係のまま同時性を生み出す二画面同時映写スタイルの《チェルシー・ガールズ》（1966）を制作している。アンダーグラウンドのヒット作であり、初の拡張映画作品としてアメリカの商業館で上演されている。映画とダンス、映画と演劇、あるいはハプニングと融合したインターメディア的作品では、スクリーンと演技者とオブジェの間をイメージが相互に浸透し、実像と虚像が錯綜する。

ヴァンダービークは《牧歌－その他》でダンサーがスクリーンを持ち運びながら踊り、その踊りとスクリーンの中のダンサーが連係する動きを構成した。またエド・エムシュウィラー（Ed Emshwiller）のダンス作品《身体芸術品》は、白い衣装のダンサーがスクリーンとなり、手持ちのプロジェクターでダンサー自身を映し出した。このようにパフォーマーと映像とスクリーンとプロジェクターがすべて運動しながら関係する映像パフォーマンスが制作されている。ハプニングの作家であるロバート・ホイットマン（Robert Whitman）は、演劇的ハプニングに映画を導入し、フィルム上に記録された人物と同一の人物がスクリーンの前で演技する〈シアター・ピース〉を制作している。一九六四年に制作された一連の《ムービー・ピーセス》では、現実の一部分が映画映像によって置き換えられているオブジェや環境（一種の

5　スタン・ヴァンダービークと〈ムービー・ドローム〉

映像インスタレーション）を発表している[13]。

映画作家のケン・ジェイコブス（Ken Jacobs）は、影絵芝居の直接性を映画に取り入れる。《三〇代の男——一九六五年の暗黒第一章》では、スクリーンの背後で演技する俳優をリア・ライトで照らし、観客はその影だけを見ることになる。またフィルムを使って上映する場合にも、プロジェクターを多様なスピードで前後に移動可能にした[14]。

映像パフォーマンスは、映画の興行化・商業化の歴史の中で失われた映画の上演形式を再考し拡張する試みから生まれてきた表現形式といえよう。

＊

十九世紀のヨーロッパに始まるカラー・オルガン（色彩オルガン）の流れは、ライト・ショー、ライト・アートへと受け継がれている。一九二一年にアメリカのトーマス・ウィルフレッド（Thomas Wilfred）はクラヴィルックスという鍵盤楽器によって彼の《ルミア作品》のシリーズを制作している。大規模なライト・アートの公演は、一九五七年から一九五九年にかけてサンフランシスコで開かれた《ヴォルテックス・コンサート》が知られているが、電子音楽の作曲家ヘンリー・ジェイコブス（Henry Jacobs）が映画作家のジョーダン・ベルソン（Jordan Belson）の参加を得て、プラネタリウムの内部で七〇台のスライド・プロジェクター、フィルム、ストロボスコープなどを駆使した五〇分の公演を行っている[15]。その後もアメリカではオーバーヘッド・プロジェクターや紫外線ランプ、またＴＶ画面のプロジェクターなどを加えた様々なライト・イベントが展開されている。さらにキネティック・アートと拡張映画との関係もモホイ＝ナジ（Moholy-Nagy László）やレン・ライ（Len Lye）のキネティック彫刻とそれが生み出す光と影の様々なイメージ（反射像や反映像）を想起すれば、「光・時間・運動」があらゆる形式の映画映像作品を結び合わせるものであり、「光・時間・運動」をリアルタイムで制御するあらゆる装置システムが映像パフォーマンスを創造する可能性を秘めているといえよう。

＊

実験映画におけるメディアの自己言及的な在り方に着目しながらフィルム作品のパフォーマンス性について考える時、フィクションとしての物語の時空間を志向する映像ではなく、物質的な意味で現実的なもの、つまりフィルム・メディアの物質的側面や制作・上映プロセスの現実性を反省的に、あるいは直接的に志向する作品がその対象といえよう。そうした作品では、観客が作品と出会う場としてのリアルタイムの上映時間／上映空間がパフォーマンスを通じて前景化されることになる。映画のリアリティの主要な領域としてのプロジェクションについて、いま一度、考えてみよう。

観客にとって物質的現実として映画と出会う機会がプロジェクションの場である。《エンパイア》（1964）など撮影時間と上映時間がほぼ一致するウォーホル作品では、プロジェクションの時間がリアルタイムの時間であり、物語映画のイリュージョンとしての時間と明確に区別される。さらに一歩踏み込んで、プロジェクションの出来事そのものが作品成立の重要なプロセスとなる作品とはどのようなものであろうか。

ヨーロッパにおける拡張映画の展開において、マルコム・ル・グライス（Malcom Le Grice）は、マルチ・プロジェクションとパフォーマンスのイベントを分ける二つの方向性をカテゴリーというよりは二つの極として述べている[16]。一方はイリュージョンとしての側面を削除するか減少しようとする試みであり、プロジェクションの状況下において実際に存在する物理的要素だけを取り扱い、ボディ・アートのいくつかの要素と明らかにオーバーラップするが、まったくフィルムが存在しない場合もしばしばある。例えば、アンソニー・マッコール（Anthony McCall）の《円錐を描く線》（1973）は、スクリーンの有無にかかわらず、部屋にスモーク（煙）がたかれており、フィルム面上の点が円の円周となるように三〇分かけて広がっていく。結果的にプロジェクターからの光線によって三次元の円錐形の表面を描く（光による時間彫刻）ことになる［図6］。

そして、もう一方の極は、映画のイリュージョンや写真的側面を導入しようとする方向であり、それを主要な出来事としてのプロジェクションとダイレクトに関係づけるように構造化するものである。例えば、ウィリアム・レーバン（Willimam Raban）の《二分四五秒》（1972）では、スクリーンの前にマイクがあり、まったくのブランクのスクリーンがある。作家がスクリーンの前に現れ、マイクの前に立ち、作品のタイトル、上映の日時と場所をつげ、フィルムはスクリーンからできていることを説明する。次の段階では、最初の段階のネガ・フィ

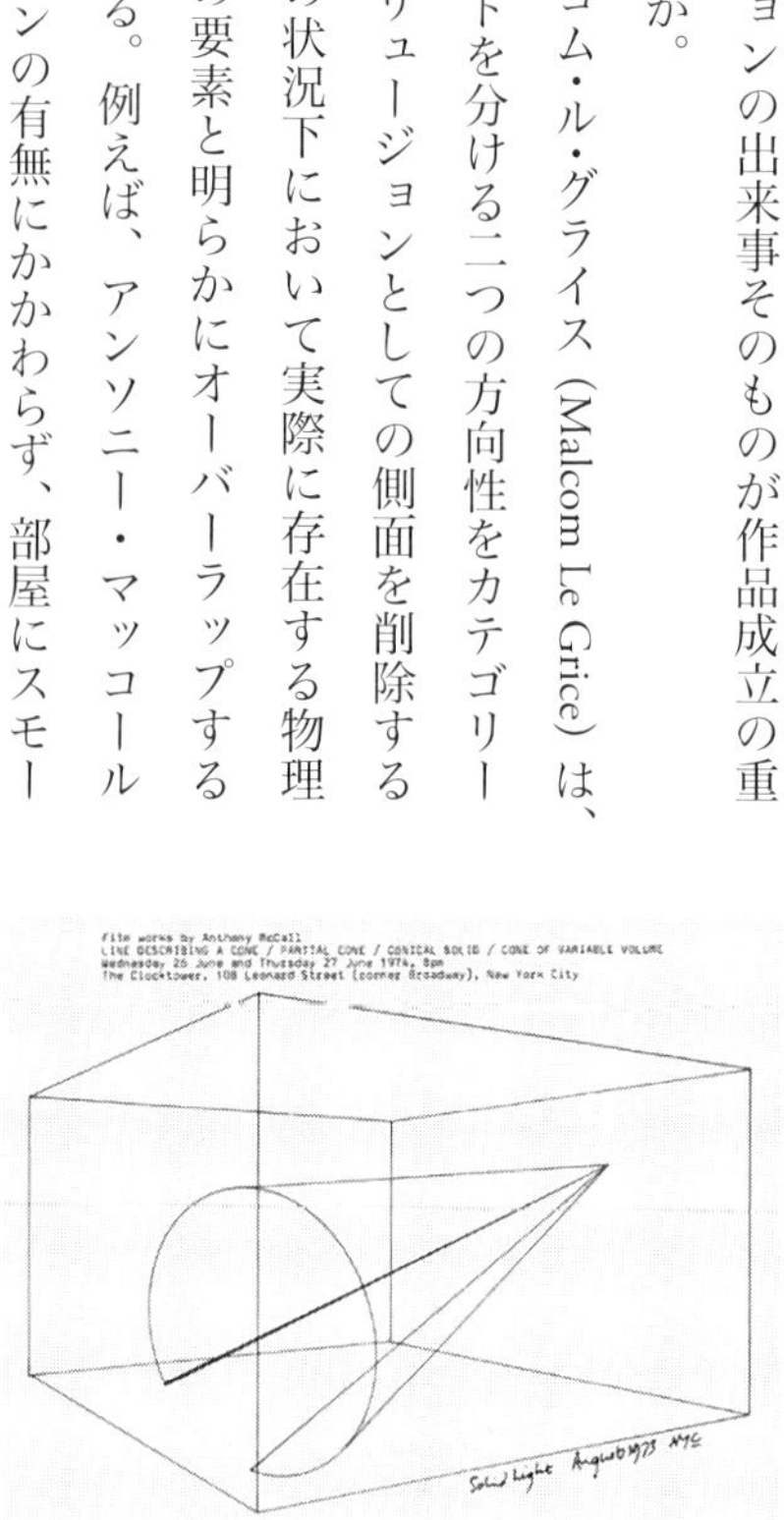

6 アンソニー・マッコール《円錐を描く線》（1973）のためのダイアグラム

ルムがブランクのスクリーンにとって替わる。この第二段階のパフォーマンスでも作家が再び作品の性質について話す。この繰り返しを五、六回行うことで、ネガ／ポジが入れ替わりながら入れ子状に前の段階のイメージが小さくなっていく。時間のアナロジーとしてイリュージョンの空間を生み出していく。

このように映像パフォーマンスの中で、フィルムの物質性の認識、具体的な表面としてのスクリーンの存在、実物とその再現表象の並置、プロジェクターの光線とそのボリューム（彫刻的空間）、具体的な次元としてのプロジェクションの時間などが検証されていく。

＊

撮影行為におけるパフォーマンス性という面では、作家による撮影行為やカメラの運動自体が着目される。身体運動に連動させたり、構造化されたプロセスにカメラを委ねることによって、通常の視線では得られない意外な視点や知覚を体験することになる。

カナダの作家であるマイケル・スノウは、カメラの自由な回転運動を可能にする特殊装置を制作し、それを山頂に設置して撮影した結果生み出された作品が《中央地帯》（1971）である。視線のコレオグラフィーのような印象を与える作品であり、カメラが捕える被写体の運動ではなく、システム化されたカメラ自体（視線）の運動の記録としてのフィルム作品である。スノウは、この作品発表の直後にヴィデオ・バージョンとしてインスタレーション化し、ライブのパフォーマンス作品として展示発表している【図7】。最近のロボットアームを

7　マイケル・スノウ《中央地帯》（1971）のために制作された特殊撮影装置のヴィデオ版の展示風景

利用したインタラクティヴ・アート作品に繋がるものといえよう。

＊

ＴＶの黎明期におけるスタジオ生番組も出演者（作家）のパフォーマンスが重要であった。アーニー・コヴァックスは、一九五〇年代におけるアメリカのＴＶコメディアンであるが、ヴィデオアートからＴＶを振り返る時、〝テレビジョン・アートの作家〟、あるいは〝ヴィデオアートの先駆け〟として浮かび上がってくる。その当時は白黒生放送でヴィデオの存在しないスタジオ中心の時代であり、すべてをライブでパフォーマンスする時代であった。彼自身はヴィデオアートの誕生を知ることなく他界するが、映像メディアの特性を踏まえた音とイメージの関係（音による演出、音の視覚化）をギャグやユーモラスなコントによって表現したもの、ミュージック・ヴィデオに繋がるもの、コンセプチュアルなもの（ＴＶ画面の平面性とイリュージョンとしての再現表象との錯綜する関係）など後のヴィデオアート作品によって展開される多くのアイデアやコンセプトを見ることができる。通常のＴＶ番組制作において意識化されない制作技術やスタジオ空間をコメディアンならではのパフォーマンスによって前景化した（詳しくは第三章「ＴＶの黎明期」参照）。一九六〇年代のハプニング、あるいはフルクサスのイベントとして行われたパフォーマンスは、当時は写真やフィルムによって記録されていた。そして一九六〇年代後半になると、ランド・アート（Land Art）やアース・ワーク（Earth Work）、またボディ・アート（Body Art）として行われたパフォーマンス作品の記録のためにフィルムに加えてヴィデオも使用されるようになる。ランド・アートやアース・ワークを映像化する構想は、一九六〇年代末に「TVギャラリー」としてゲリー・シュム（Gerry Schum）によって企画されている。彼による最初の「TV展（television-exhibition）」の番組《ランド・アート》（モノクロ、三五分、ベルリン自由放送局〈SFB〉、1969）は、八つの短編作品から構成され、アーティストによるパフォーマンスと映像（撮影編集操作）の統合がめざされた。

特にヤン・ディベッツ（Jan Dibbets）の《パースペクティブの補正を伴う十二時間の潮のオブジェ（12 hours tide object with correction of perspective）》（1969）は、固定カメラによる撮影によって砂浜にできるトラクターの軌跡がそのパースペクティブを補正するように画面（フレーム）の矩形に合わせていくというコンセプトから制作された作品であった［図6］。これらの試みは、作家や作品を紹介する、いわゆるドキュメンタリーの文脈からのアート番組ではなく、番組自体がアート作品であろうとする「TVアート」の試みであった。アーティストの行為が映像の空間特性とTVの時間構造にうまく適合する在り方を模索する実験であった。

日本でも関西の美術家である河口龍夫・村岡三郎・植松奎二による《映像の映像――見ること》（1973）は、TVアートの作品のひとつとみなすことができる。穴を掘ってTVを埋める／TVを海中へ投げ捨てる／ハンマーでTV画面を破壊した後、TVをこなごなに潰す等のパフォーマンスの記録映像作品である。ナムジュン・パイクの電磁石によるTV画面の

8 ヤン・ディベッツ《パースペクティブの補正を伴う十二時間の潮のオブジェ》（1969）

歪曲など、シンボルとしてのＴＶに対する態度の表明の意味で、ヴィデオが普及する以前のＴＶにまつわるパフォーマンスであるが、広義の映像パフォーマンスとして考えることができよう。

ナムジュン・パイクによる多国間を衛星生中継で結ぶＴＶ番組シリーズも一種の映像パフォーマンスとみなすことができよう。パイクが「グローバル・ディスコ（Global Disco）」と呼ぶインタラクティヴなＴＶ放送の最初の番組は《グッドモーニング・ミスター・オーウェル》（1984）である[17]。一期一会の出会いを大切にするパイクのコンセプトによって、様々な国のＴＶ局と様々な分野のアーティストの参加により実施された。民主主義の精神を反映すべくメディアをインタラクティヴにすることがジョージ・オーウェルがその小説『一九八四年』で描いた、人々が支配者から一方的に監視されるディストピア的世界に対抗する最善の道だとするパイクのコンセプトの具体化であった。その後も《バイバイ・キップリング》（1986）と《ラップ・アラウンド・ザ・ワールド》（1988）が衛星番組化されている。

パイク以前に衛星を利用したアートイベントの例としては、キット・ギャロウェイ（Kit Galloway）とシェリー・ラビノヴィッチ（Sherrie Rabinowitz）による《サテライト・アート・プロジェクト：地理的境界のない空間》（1977）がある［図7］。世界最初のインタラクティヴな合成画像の衛星ダンス・パフォーマンスであった。彼らは一九七五年からインタラクティヴなコミュニケーション形式としてヴィデオやＴＶのためのオルタナティヴな構造を実験している。一九八四年以降は、「エレクトロニック・カフェ」のコンセプトによって

9 キット・ギャロウェイとシェリー・ラビノヴィッチ《サテライト・アート・プロジェクト：地理的境界のない空間》（1977）

一九八九年までに地球規模のマルチメディアの遠隔通信会議の設備を開設し、世界中の様々な場所のアーティスト間での遠隔通信詩（tele-poetry）、遠隔通信劇場（tele-theater）、遠隔通信ダンス（tele-dance）のようなインタラクティヴなイベントを促進している〈18〉。

＊

ヴィデオアートの初期のパフォーマンス作品では、パフォーマーとして作家が登場する場合が多い。例えば物理的な場としての身体をテーマとするヴィト・アコンチ（Vito Acconci）の《Claim》（1971）などである。またジョーン・ジョナス（Joan Jonas）の《Left Side, Right Side》（1972）は、鏡像とモニター像、あらかじめ記録されたイメージとライブのモニター像との関係の中で、自己とのコミュニケーションをテーマとしている。飯村隆彦の《Self Identity》（1972-74）は、言語と映像の関係を「私」を主体として探究する。後にテープ作品やインスタレーション作品へと展開される飯村の《ア・イ・ウ・エ・オ・ン》（1982）は、作家自身の存在とそのライブのモニター像、そして前もって記録された再生像の三つの状態が同時に比較される。

彼らの作品においては作家のパフォーマンスが電子メディアとしてのヴィデオとどのように関わっているかが問題であり、フィルムに代わる手軽で便利な客観的な記録メディアに終わることなく、ヴィデオ・メディア自体がパフォーマンス作品の成り立ちに欠くことのできないものとして機能していることが重要である。その意味でヴィデオによってあるパフォーマンスをドキュメントすることを基本とする〝パフォーマンス・ヴィデオ〟と、ヴィデオが作品の成立に統合的な位置にあり、ヴィデオ・システムなしでは考えられないパフォーマンス作品を〝ヴィデオ・パフォーマンス〟として区別する必要があろう。記録を目的とした広義の〝パフォーマンス・ヴィデオ〟と、ヴィデオに特化した狭義の〝ヴィデオ・パフォーマンス〟である。

初期のヴィデオアートの代表作でもあり、〝ヴィデオ・パフォーマンス〟のパイオニア的作品といえるピーター・キャンパス（Peter Campus）の《Three Transitions（三つの移行）》（1973）は、スタジオで用いられるヴィデオ・システムによる画像合成機能（ミックス／クロマキー）

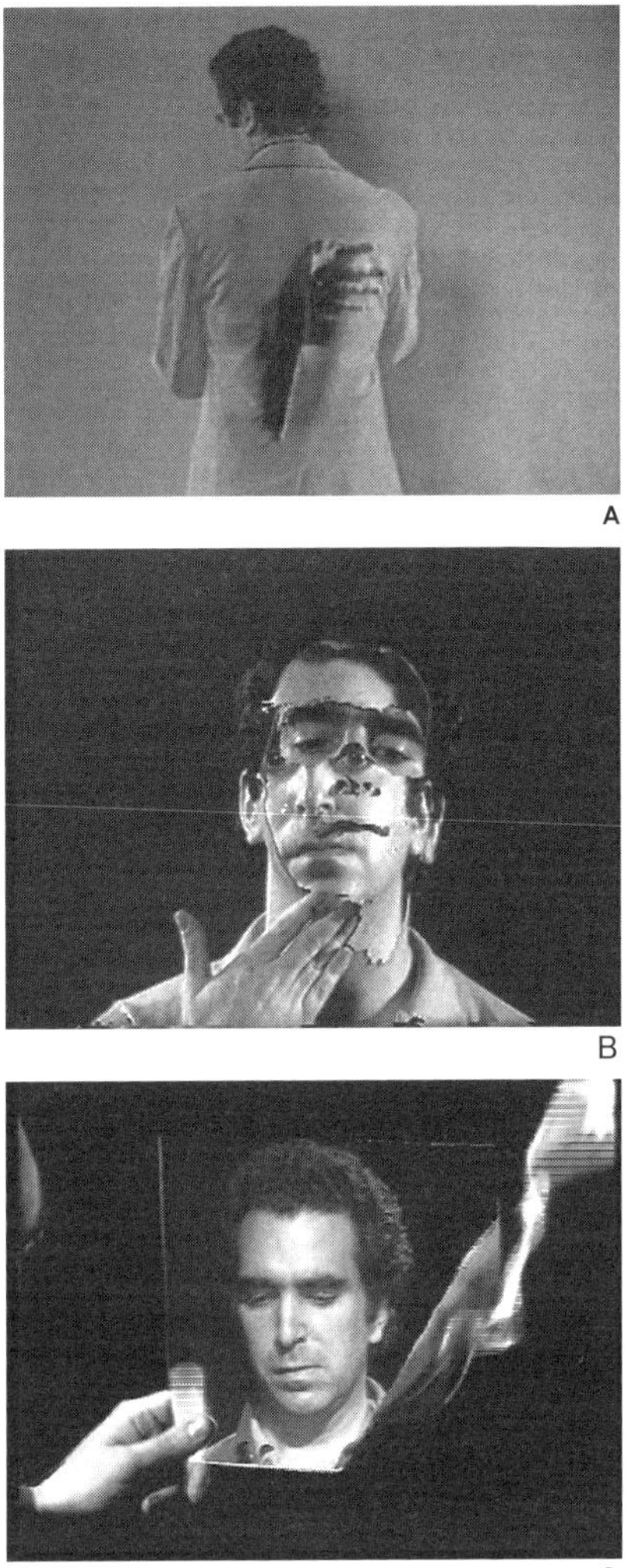

A　B　C

10 ピーター・キャンパス《Three Transitions》（1973）

に着目したイメージ形成をパフォーマンスとして見せる作品である。この作品は以下の三つのパフォーマンスからなる。

1．紙のスクリーンの両サイドからとらえるカメラのイメージが同じ比率でミックスされる。スクリーンを破いて作者自身がもうひとりの自己と入れ替わるような情景【図10A】。

2．クロマキー用の色を顔に塗っていく。そこにあらかじめ同ポジションで記録されたもうひとりの自己のイメージ（顔）が合成されていく【図10B】。

3．鏡か写真のように見える手持ちの紙に別のカメラからの自己の顔のイメージがクロマキー合成されているが、徐々に燃えていく【図10C】。

キャンパスのこの作品は、スタジオでのパフォーマンスの結果として記録され、テープ作品の形でわれわれは繰り返し見ることができるが、フィルムにとって替わることのできないヴィデオならではの即時再生機能をベースとする電子的なイメージ合成から生まれたヴィデオ独自のパフォーマンス作品である。

パイクは、ネオ・ダダの〝アクション・ミュージック〟の延長として多くのパフォーマンスを行っているが、TV番組としてまとめられた《グローバル・グルーヴ（Global Groove）》（1975）の中にヴィデオ彫刻ともいえる《TVチェロ》（1971）を用いたチェリストのシャーロット・ムーアマン（Charlotte Moorman）によるライブ・パフォーマンスを見ることができる【図11】。《TVチェロ》は、三台のTVのブラウン管部分だけを取り出してチェロの形に

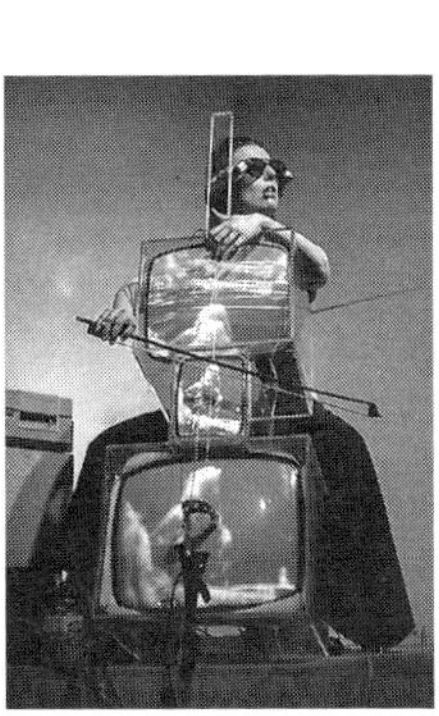

11 ナムジュン・パイク《TVチェロ》（1971）

組み上げた一種のヴィデオ・オブジェであるが、それをチェロとして演奏するムーアマンによって、画面に流れる抽象的なヴィデオ映像と共にパフォーマンス作品として統合されている。

一九八〇年に東京の草月会館で行われたパイクとビル・ヴィオラのパフォーマンスは、筆者には印象的な作品であった。パイクがヴィデオカメラでピアノを弾くという、パイクならではの発想によるパフォーマンスで、カメラのレンズが鍵盤をたたくことでピアノの音と同期した万華鏡のようなイメージがピアノの上に置かれたモニターTV（卍形に組んだ四台のモニター）上で乱舞する。パイクの演奏する〝間〟の感覚から〝禅ピアノ〟といった趣のパフォーマンスであった。またヴィオラによるパフォーマンスは瞑想的な雰囲気を作り出し、緊張感を強いるパフォーマンスで、リアルタイムで行われる作者の儀式的な行為がスクリーン上にモニターされるが、あらかじめ同じセッティングで撮影された作者の行為の記録映像と徐々にミキシングされる。実像と虚像、現在と過去が共存するパフォーマンス作品であった。

＊

映画・テレビのような一方通行的ではない、インタラクティヴ性を導入する作品や映像によるコミュニケーション行為を探究する作品では、パフォーマーや作家自らが見せるために演ずるのではなく、作家はシステムや仕掛けを設定し、観客が自ら体験することで成立する。

観客によるパフォーマンスを要請する映像作品をいくつか最後に見ておこう。

作品への観客のより積極的なインタラクションを求めるフィルム作品として、ヴァリー・エクスポート（Valie Export）は、一九六〇年代後半に興味深いインタラクティヴなエクスパンデッド・シネマをいくつか制作している〈19〉。例えば《Auf+Ab+An+Zu（Up+Down+On+Off）》（1968）［図12］は、動きながら見え隠れするスクリーン上のイメージのアウトラインを紙のスクリーン上に直接描こうと試みる観客の行為によって成立する作品である。また《Ping Pong》（1968）は、ピンポンのラケットをもった観客がスクリーン上のイメージのボールを打とうとする一種のヴァーチャル・ゲームといえる。スクリーンと観客の関係は、刺激に対する反応の関係であり、観客は受動的にスクリーンの変化に追従する。映画を見る状況の構造的欠陥をコミカルに批判する実験作といえよう。演劇における伝統的な作者と観客の区別、そして役者と観客の区別をなくそうとしたブレヒト（Bertolt Brecht）の試みの映像版である。

ヴィデオによるコミュニケーション行為を作品化した小林はくどうによる《ラップス・コミュニケーション》（1974）は、伝言ゲームの映像版といった作品である。ヴィデオ記録された前の人によるジェスチャーや動作を繰り返し再現しようとする姿を再度ヴィデオ記録することによって連続的にリレーされる。また山本圭吾は、コミュニケーション行為における呼吸、間／ズレを体感させる仕掛けとして観客参加型のインスタレーション作品としても見ることができるヴィデオ・システムを構築する（例えば《音と音の間ナンバー1（Between Sound & Sound No.1）》1981-84）。ISDNを使った実験からスタートし、インターネットを利

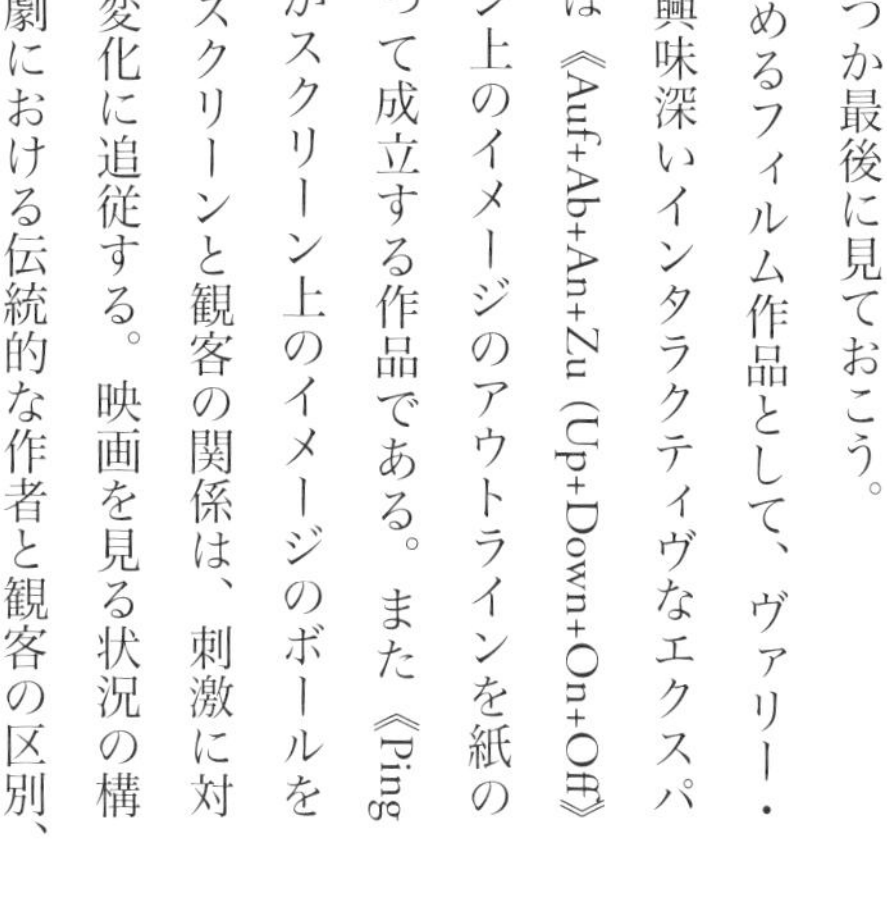

12 ヴァリー・エクスポート《Auf+Ab+An+Zu（Up+Down+On+Off）》（1968）

用したコラボレーションワークをライブ・パフォーマンスとして見せる「ネットワーク・アート・プロジェクト」へと発展させている。

ヴィデオアートの一九八〇年代以降の展開を見てもわかるように、テープ作品からインスタレーション作品へと関心が移り、また参加体験型の作品も多くなった。さらに様々なジャンルの作家間のコラボレーションワークも多くなり、作品の規模も大きくなってきた。ここで見てきた主要な作品は、映画・TV・ヴィデオを中心とした映像パフォーマンスであるが、その後の「エレクトロニック・アート」や「インタラクティヴ・アート」といったメディアアートの展開の中で、映像パフォーマンスは、一九九〇年代初期以後のコンピュータを中心とするデジタル技術の進展とセンサー技術やロボティックスやヴァーチャル・リアリティ、またネットワーク技術などと統合化して、より高度な「メディア・パフォーマンス」へと発展している。

映像インスタレーション
——ヴィデオアートに見るインスタレーション作品の創造的可能性 [2000]

「映像インスタレーション」はひとつの芸術形式である。なぜそう言えるのかをまず芸術の世界の中で「インスタレーション」の概念がどのように捉えられているかを確認し、その上でここではヴィデオアートを中心に「ヴィデオ・インスタレーション作品」を考察することで、映像インスタレーションが芸術の一形式であることを述べてみたい。

ヴィデオアートを考える時、大きく二つの方向に分類することができる。一方は家庭でテレビを見るように一台のVTRを再生して一台のモニターテレビで見るテープ作品であり、もう一方は、それ以外の形式や様態で見せることを前提にした作品である。フランスの美術評論家でありマスメディアの研究者でもあるルネ・ベルジェ（Rene Berger）は、「モノ・ヴィデオアート」と「マルチ・ヴィデオアート」に分けて考え、テープ作品を「モノ・ヴィデオアート」に、ヴィデオ・インスタレーションやヴィデオ彫刻、ヴィデオ・パフォーマンスなどの多様な発表上演形式を「マルチ・ヴィデオアート」として位置付けている〈20〉。

ベルジェは、テレビという〝トポス（topos）〟の破壊を越えた新たなトポスを探求する中で、より観客とのインタラクティヴな状況を生み出すことができるマルチ・ヴィデオアートに期待している。ヴィデオ・インスタレーションは、まさにマルチ・ヴィデオアートを代表する存在様式である。

ところで〝インスタレーション〟が本来どのような意味であるかを確認しておこう。辞書によれば、「据え付けられたもの、（取り付けられた）装置・設備 etc.」（英和）、「（家具などの）据え付け、（機械などの）取り付け etc.」（仏和）、「（建物に）取り付けられた配線・配管（作業）etc.」（独和）などの意味がある。

まさに「装置・設備・配線・据え付け」という言葉から連想されるイメージは、技術的世界のものであり、機械装置そのものであるテレビセット（モニターテレビ）をある場所に据え付け、VTRや電源との接続配線を基礎的作業とする展示設営状況を考えてみれば、インスタレーションがヴィデオアートの基礎的な下部構造をなしていることが了解できよう。

芸術の世界では、一九七〇年代中頃からインスタレーションという言葉が用いられるようになったが、絵画系・彫刻系などのインスタレーションの中でもヴィデオアートはその先駆的ジャンルといえる。しかしながら、この言葉自体が美術界で一般化してきたのは一九八〇年代以後であり、一九八五年版の『現代用語の基礎知識』の中で現代美術用語の最新語のひとつとして〝インスタレーション・アート〟の項目が取り上げられている。その解説の一部を以下に引用してみよう。

……作品を無造作に放りだしたり、特に陳列の仕方に入り込む粉飾を取り除き、作品そのもののあり方をみせること。そして、展示空間と作品とを有機的に関係づけて、作品を特権的な位置におかず、生き生きさせるように配置する方法とその方法に見合った作品をインスタレーション（取付け）アートという……〈21〉

このように現代美術の中でも広く展示行為に関わる〝インスタレーション〟の芸術的創造性が認知されていることが理解できよう。その後、インスタレーション作品を「仮設的空間造形作品」といった表現で新聞や雑誌等で見かけることがあった。

＊

最初にヴィデオアートのパイオニアであるナムジュン・パイクのヴィデオ・インスタレーションの代表作《TVガーデン》（1974-78）と《ヴィラミッド（V-yramid）》（1982）について考えてみよう。《TVガーデン》【図13】は、ひとつの部屋全体を使って床面に観葉植物と多数のモニターTVをランダムに配置した作品である。部屋の周囲の壁に沿って仮設された通路から見おろす回遊形式で構成されたヴィデオ環境／ヴィデオ・ランドスケープである。画面にはパイクのテープ作品からコラージュ的に編集された映像が用いられており、全体的には均質化された時間的展開となっている。また見られるべき位置方向を規定することなく、画面が様々な角度と方向性をもって設置されている。自然とテクノロジーの調和共存を表すシンボリックな作品といえよう。一方、《ヴィラミッド》【図14】は、壁のコーナーを利用してTVセット（同じサイズの四台のTVモニターを卍型に組んだものを単位とする）をピラミッド状に積み上げた構造になっている。テクノロジーに対する楽観的態度（勝利の記念碑？）と悲観的態度（ゴミの山／墓場？）を同時に読み取ることができる作品である。

この二つの作品だけを見ても我々が着目すべき点は、観客との関係の在り方（身体の運動性、視線の遍在性）であり、インスタレーションにおける空間・場の前提条件となる床面・壁、あるいはコーナーの積極的な活用である。また展示のたびに作品の構成要素の調達（装

13 ナムジュン・パイク《TVガーデン》（1974-78）

14 ナムジュン・パイク《ヴィラミッド》（1982）

置類）と改訂・更新（映像素材）を繰り返す、その〝仮設的一過性〟に作品の完成を遅延させる〝半構築性〟を読み取ることもできる。それゆえに多様なバージョンの存在する作品群を形成することにもなる。

ヴィデオ・インスタレーションにおいては、パイクのこれらの作品のようにTVセットがそのまま利用される場合と、画面の映像だけに注目させるためにTVセットの外観（ボックス、チャンネル等）が隠蔽される場合がある。この相異には、テレビの存在に意味があるか、テレビに対する批判的姿勢をもつか否か、あるいは映像だけを純粋に構成要素として取り出そうとしているか否かといった問題意識の明らかな違いを読み取ることができよう。ヴィデオを利用する以前のパイクがその初期作品で行った電磁石によるテレビ画像の変形・歪曲、あるいはTVセット自体の破壊的行為にその原型を見ることができる。そのような反テレビ的批判行為は、ヴィデオアート誕生以前の一九六〇年代初期、フルクサスのパイクやヴォルフ・フォシュテル（Wolf Vostell）の作品（《TVデコラージュ（TV Decollages）》（1963）［図15］）などに顕著であり、テレビを取り巻く社会的・政治的状況への間接的な批判的行為であった。当時はテレビやカメラをオブジェとして捉え、表現メディアとしては考えられていなかった。当時の作品は、〝TVインスタレーション〟と呼ばれたりもした。

その後のヴィデオアートの動向におけるヴィデオを用いたパフォーマンス・情報形成・環境構成へと展開する中でヴィデオ・インスタレーションは、様々な現象形態を呈してきた。パイクはテレビとヴィデオ装置を一貫して中心にすえた作品を制作し、一方、フォシュテル

15 ヴォルフ・フォシュテル《TVデコラージュ》(1963)

はヴィデオをコラージュ要素のひとつとして構成する環境芸術やアッサンブラージュの形式で活動する。

＊

一九八〇年代に入り大規模なヴィデオ・インスタレーションの展覧会を企画したキュレーターであるドリーン・ミニョ（Dorine Mignot）は、ヴィデオ・インスタレーションを四つのカテゴリーに分類している〈22〉。この分類について、関連する作品を取り上げながら、以下に見ていこう。

1．狭義のヴィデオ・インスタレーション

アーティストによって完全にコントロールされた空間で見せられるシングル・ヴィデオテープ作品。

一般的にテープ作品を見せるために用意される部屋、あるいはスペースにおけるセッティングの問題であるが、基本的に絵画や彫刻作品のギャラリー展示と同じように見せる場としての展示設営がなされる。部屋の明るさや音響の状況が作品上映のためにコントロールされていることが前提といえよう。さらに踏み込んで、映像の内容と連動するようにモニターやスクリーン以外に何らかの仕掛けが作家によってなされる場合は、以下のカテゴリーに属するといえよう。

2. ライブ・インスタレーション、あるいは、閉回路インスタレーション

少なくとも撮影用カメラ一台と同時にその画像を再生するモニター一台を含むもの。

ヴィデオの即時再生機能、つまり生中継といった同時性に着目し、現実とその反映であるカメラ像との関係性を構成する。例えば、パイクの《TV仏陀（TV Buddha）》（1974-82）や《TVロダン（TV Rodin）》（1976）は鏡のような機能としてヴィデオの閉回路システムを採用した典型例といえる。フランク・ジレット（Frank Gillette）とアイラ・シュナイダー（Ira Schneider）による《ワイプ・サイクル（Wipe Cycle）》（1969）［図16］は、リアルタイムのライブのカメラ像とそのタイムディレー（遅延）のイメージとあらかじめ録画された素材イメージ、そして放送中のTV番組が九台のモニター上に組み合わされるが、観客はライブの閉回路の中の一部としてその情報空間を反省的に知覚体験することになる。

3. マルチスクリーン・インスタレーション

複数のテープと複数のモニターからなるもの。ここでは、個々のイメージの空間的効果に沿って、それらのイメージの中で運動のリズムと方向性が関係づけられる。「マルチスクリーン」は、「マルチモニター」あるいは「マルチチャンネル」と言い換えることもできよう。商業空間でよく見かける、いわゆる「映像ディスプレイ」

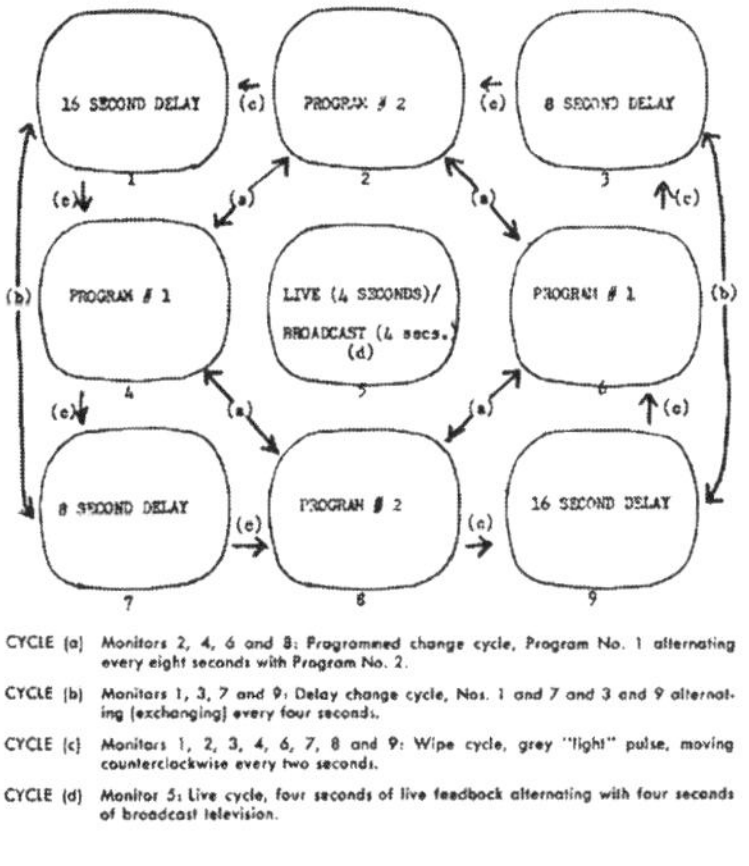
16 SECOND DELAY
PROGRAM # 2
8 SECOND DELAY
PROGRAM # 1
LIVE (4 SECONDS)/
BROADCAST (4 secs.)
(d)
PROGRAM # 1
8 SECOND DELAY
PROGRAM # 2
16 SECOND DELAY
CYCLE (a) Monitors 2, 4, 6 and 8: Programmed change cycle, Program No. 1 alternating every eight seconds with Program No. 2.
CYCLE (b) Monitors 1, 3, 7 and 9: Delay change cycle, Nos. 1 and 7 and 3 and 9 alternating (exchanging) every four seconds.
CYCLE (c) Monitors 1, 2, 3, 4, 6, 7, 8 and 9: Wipe cycle, grey "light" pulse, moving counterclockwise every two seconds.
CYCLE (d) Monitor 5: Live cycle, four seconds of live feedback alternating with four seconds of broadcast television.

16 フランク・ジレットとアイラ・シュナイダーによる《ワイプ・サイクル》（1969）のダイヤグラム

に多いこの形式は、モニターテレビの配列の仕方に工夫がなされるか、あるいは複数チャンネルから送り出される映像の組み合わせによって形成されるパターンのイメージが工夫される。先に見たパイクの《ヴィラミッド》もここに分類されるが、より典型的なものとしては同じく形を単位としたモニターテレビの組み合わせからフランスの三色旗を表現した《Tricolor Video》（1982）やV字形にモニターを配置した《V-Matrix》（1983）、そしてこの拡張版である《Tokyo Matrix》（1984）は、全体のモニターの配置形態と色彩イメージからなる抽象的でキネティックな光のオブジェであり、構成主義的な伝統を踏まえたものといえよう。あるいはマリー＝ジョー・ラフォンテーヌ（Marie Jo Lafontaine）の《鉄の涙（Les Armes d'Acier）》（1987）［図17］は、ひとつのテープ素材が微妙な時間差でマルチに再生されることによって画面相互の関係パターンを形成し、全体としてひとつの律動するイメージを生み出している。

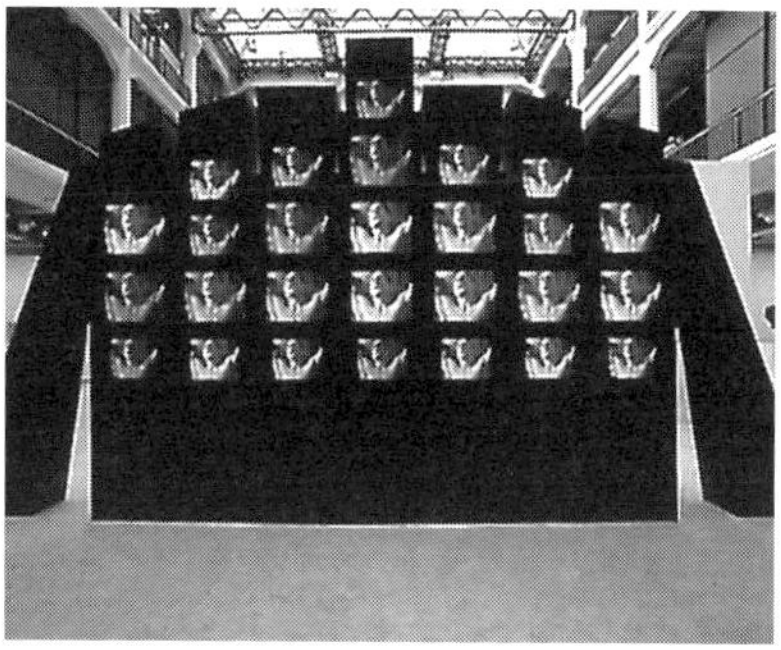

17　マリー＝ジョー・ラフォンテーヌ《鉄の涙》（1987）

4．マルチメディア・インスタレーション

先のカテゴリーはモニターテレビとヴィデオテープの組み合わせが中心であったが、ここでは少なくともメディアのひとつがヴィデオからなるものを取り上げる。

これはかなり多様な広がりのある方向性を表す分類といえる。「マルチメディア」の意味も最近では、コンピュータを中心に制御される電子的な視聴覚装置類を連想するが、ここでは造形に使用されるあらゆる素材やメディアを意味していると思われる。例えばブライアン・イーノ（Brian Eno）によるヴィデオ映像をイメージというよりも特殊な光源として使用した《Video: painting and sculptures》(1984)は、アンビエントなサウンドとムードを形成するインスタレーションである。二〇二一年に国内で回顧展が開催された久保田成子のデュシャンをヴィデオ的に解釈した立体版《階段を降りる裸婦》(1975-76)や山の形状に組み立てられた《Three Mountains》(1976-79)【図18】は、合板や鏡や石が中心的な素材であり、ひとつのイメージとしてヴィデオ映像が利用されているといえる。いわゆる〝ヴィデオ彫刻〟といわれる典型的な作品といえよう。また水をテーマとした作品が多いイタリアの作家ファブリシオ・プレッシー(Fabrizio Piessi)の《Tempo Liquido》(1993)【図19】は、水車を模してモニターテレビを円環状に組み込んだ巨大なヴィデオ・オブジェ(インスタレーション)であり、実際に水の流れる水路と虚像としての水のイメージを組み合わせた作品である。より最近のセンサーを含むインタラクティヴなメディア・インスタレーション作品では、ウッディ・ヴァスルカ(Woody Vasulka)の《ブラザーフッド》(1990-98)のシリーズをあげることができよう。

このように狭義のインスタレーションから広義のものまで、ヴィデオ映像とその装置システムに関わる展示構成の幅広い創造的可能性を見ることができる。TVを取り巻くトポスの問題からヴィデオと多様な視聴覚メディアなどとの組み合わせから生み出される豊かな関係構成の在り方まで、その広がりを捉えることができよう。

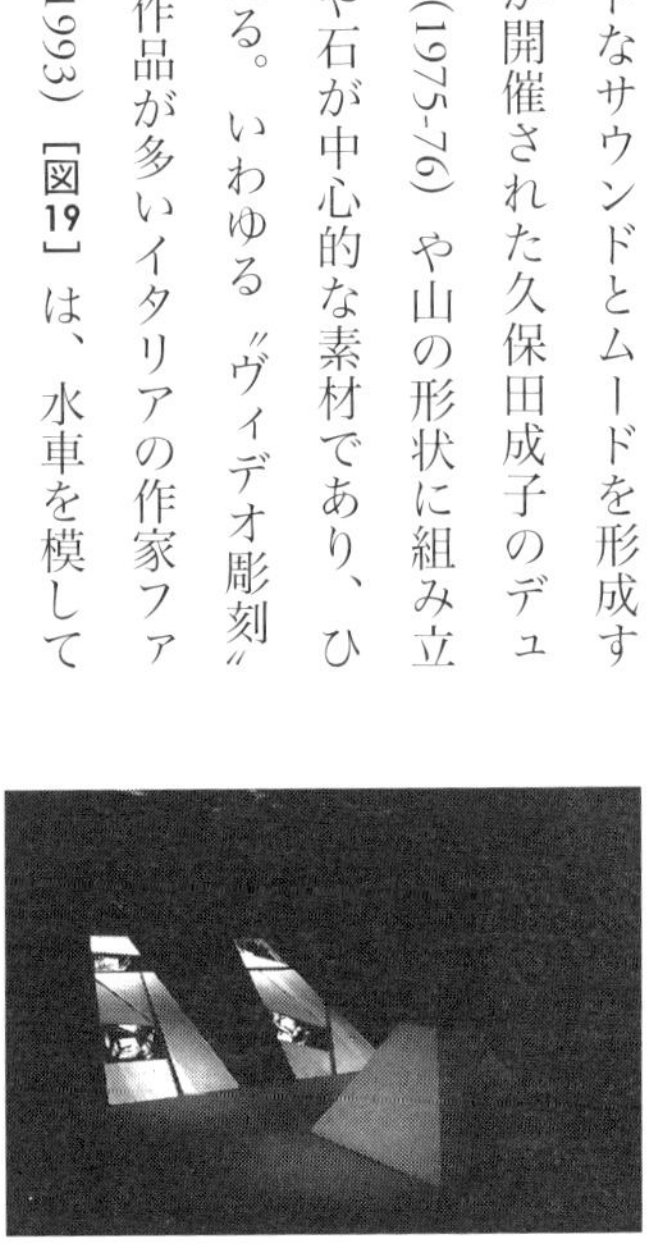

18 久保田成子《Three Mountains》(1976-79)

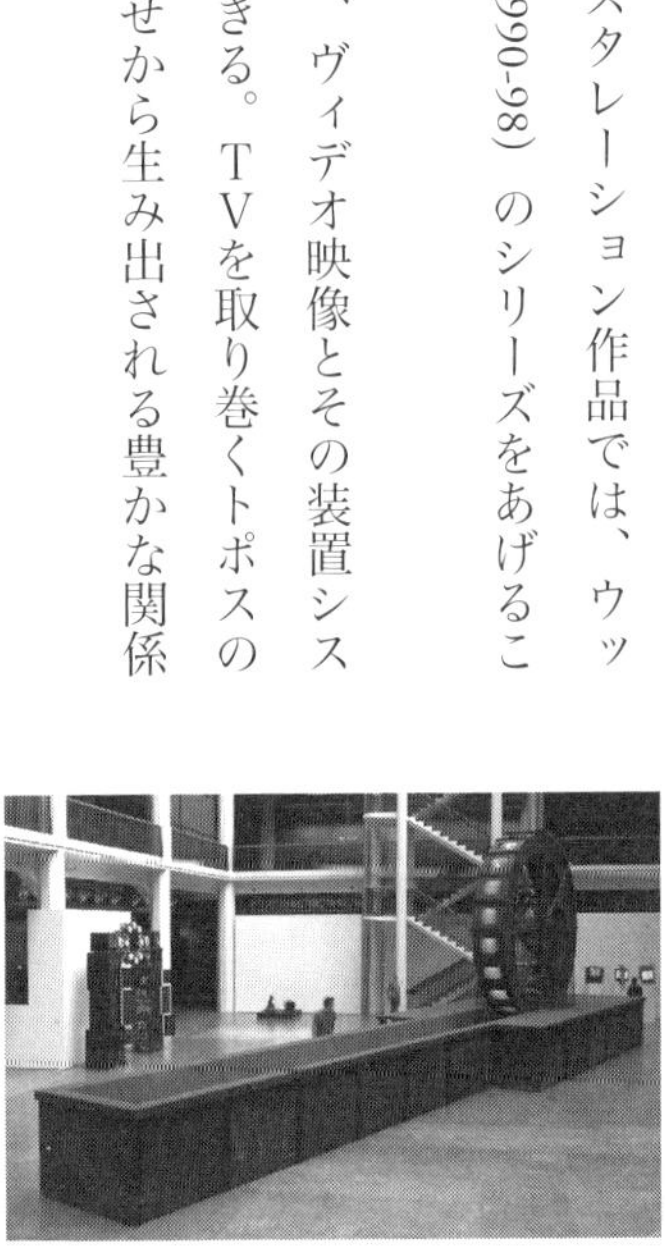

19 ファブリシオ・プレッシー《Tempo Liquido》(1993)

モニターか、プロジェクターか

ヴィデオ・インスタレーションには、モニターテレビを中心に構成する作品とプロジェクター・システムを中心とする作品がある。大型のヴィデオモニターの開発とともにヴィデオ・プロジェクターも形式や画質が改善され、一九七〇年代後半からヴィデオ・プロジェクターもインスタレーションに利用されるようになった。一方、モニターテレビも小型の液晶モニターの開発によって、多様なサイズのモニター像が造形的に利用可能になった。またプロジェクターは三管式の大型のものから液晶の単管式の小型のものへと開発が進み、インスタレーションでの利用をより容易にした。

劇場映画やＴＶ番組の見せ方とは異なり、インスタレーション作品は、非時間芸術である絵画や彫刻といった従来の芸術形式とより密接な関係があり、観客が自由に任意に体験できるように時間操作を行いながらも、情報が一挙に、あるいは短時間にすべてが与えられるような形式で利用される。アメリカの代表的なヴィデオ・アーティストであるビル・ヴィオラによる『第三回ふくい国際ヴィデオ・ビエンナーレ』(1989)でのヴィデオ・インスタレーションの作品群は、その後の独立した展示空間におけるヴィデオ・プロジェクターを利用したインスタレーション作品に、ある方向性を示したといえよう。

《彼はあなたのために涙を流す(He Weeps for You)》(1976)
ヴィデオカメラが接写で捕える水滴生成の拡大画面をライブで映写する閉回路システムを

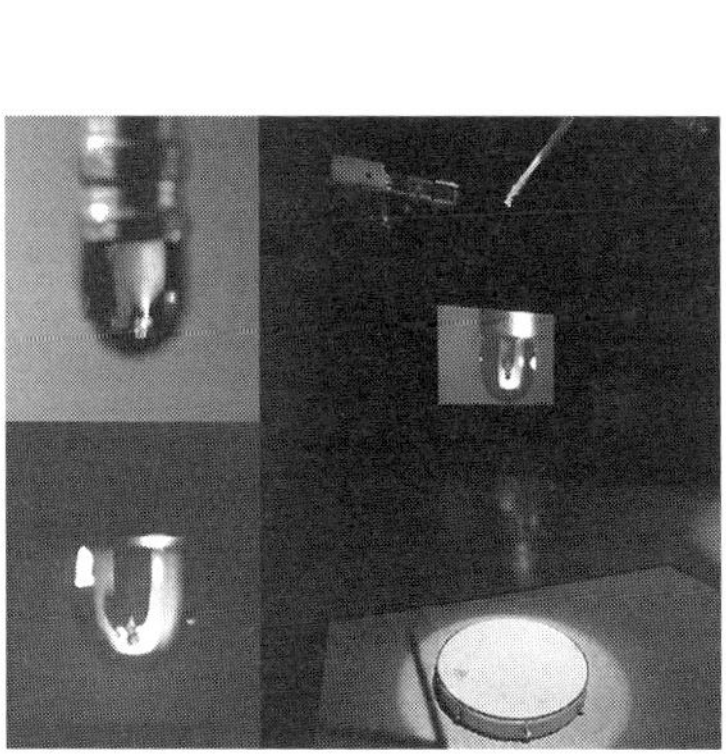

20 ビル・ヴィオラ《彼はあなたのために涙を流す》(1976)

基本とする。水滴自体もレンズ効果としてカメラの前に立つ観客の倒立像を水滴の中に映像化する。イメージの増幅と同様に水滴が落ちる音も太鼓とマイクによって増幅される［図20］。

《十字架の聖ヨハネのための部屋（Room for St. John of the Cross）》（1983）

欧米の美術館や博物館で見られる展示の伝統を思い出させる配置構成に、スクリーン映像と対になる形で黒いボックスの小部屋が置かれている。映像（屋外の情景）と模型（牢獄の部屋）を組み合わせた光と音響による演出といえよう［図21］。

《回廊（Passage）》（1987）

突き当たりに映像の一部が見える仮設通路を進んでいくと、その部屋の壁全体がスクリーン映像で占められている空間に出る。視野を制御されたインスタレーションといえよう［図22］。

《人間の町（The City of Man）》（1989）

古典的な三面からなる祭壇画をモデルに構成されたリア・プロジェクションによるマルチスクリーン・システムである［図23］。

これらヴィオラのインスタレーション作品との関連で、プロジェクション・システムをモニターテレビと比較しながらその利用特性を考えてみたい。

21 ビル・ヴィオラ《十字架の聖ヨハネのための部屋》（1983）

22 ビル・ヴィオラ《回廊》（1987）

①画質

モニターテレビと比較してプロジェクション・システムの画質は、色の再現性やシャープさにおいてまだまだ優れているとはいえないが、一九九〇年代中頃から急速に改善されてきている。投影できるイメージの明るさも改善されてきているが、基本的に暗い部屋が望ましいことに変わりはない。最近のハイビジョン・システム（解像度：1920×1080 pixel（２Ｋ））による方式は、フィルムの画質に比較されるほどに向上してきた。二一世紀に入り、さらに４Ｋから８Ｋへと進化してきた。

また、光源に対して透過光としての映像を見せるリア・プロジェクションか、反射光としての映像を見せるフロント・プロジェクションかという投影方式の違いも画質に影響する。モニターテレビのブラウン管映像を見ることが光源としての発光体を見る感覚に近いことも、プロジェクション・システムで得られるイメージの明るさとの明確な違いである。

②画面の大きさ

ブラウン管方式のモニターテレビの大型化が進み、五〇インチ前後のものまで開発されるようになった。その後、液晶・プラズマ・有機ＥＬといったフラット・ディスプレイのモニターの開発普及へと展開したが、映画や壁画を想起させるような体験を作り出すには、やはりプロジェクション方式に依存せざるをえない。しかしながら、画質を考慮すれば上映空間をある程度暗くする必要がある。また大画面を得るには、スクリーンの大きさとプロジェク

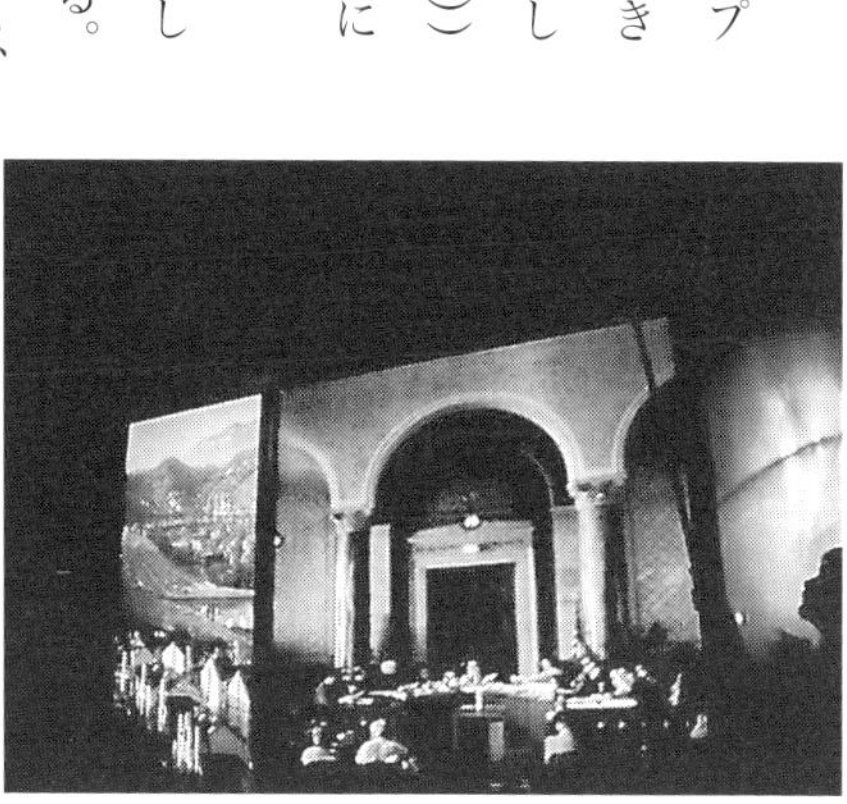

23 ビル・ヴィオラ《人間の町》（1989）

ターの距離の関係が設置場所における重要な問題となる。モニターテレビでも複数台を組み合わせたマルチ化によって大画面を得ることができるが、各モニター間のフレーム処理の問題もあり、明るい空間という条件さえなければ、プロジェクション方式を選択することになろう。空間的ゆとりがある場合、リア・プロジェクション方式をとることもできるが、フロント方式になった場合、スクリーンとプロジェクターの間に観客が入っても映像が遮断されないような高さの工夫も必要になろう。インスタレーションの場合、観客は通常の映画とは異なり、席に固定されることなく、自由に展示空間を移動し、任意に立ち止まって鑑賞することが許されるからである。

最近のＴＶやコンサート会場のセットデザインを見ればわかるように、LEDによるディスプレイ・パネルを組み合わせて、かなりの大きさまで自由に映像を配置することができるようになった。明るさの問題もなく利用可能であろうし、イメージ構成を事前に映像合成してマッピングすることなく、現実空間の中で考えることも可能となっている。

身体と映像（イメージ）の大きさの関係は、日常的な映像体験（テレビや映画の視聴）の在り方とのズレの程度によって映像体験に影響するといえる。

③映像とシステムの関係

モニターテレビの場合、日常の生活空間でテレビを見る状況と同じように、テレビセット自体やその周辺にあるものも映像と同時に目に入ってくる。もちろん映像だけを取り出すために、テレビの映像面だけを残してテレビ装置のその他の部分を隠す工夫をするか、取りはずすことになる。しかしながら基本的にテレビセットの物理的実体性を常に映像に対して負わざるを得ない。これがヴィデオ彫刻の特質でもあり、テレビというトポスとの葛藤を生み出す源でもある。ところがプロジェクション・システムの場合、映画のようにスクリーンに映写するか、あるいは用意された造形物や意図された場所にイメージを投映する。映像が表示装置と物理的に一体ではないということが大きな違いである。厳密な再現性を求めなければ、プロジェクターによって多様な対象物に映像を投映することが可能である（プロジェクション・マッピング）。映像の柔らかい非実体的な存在様態がここに顕著となる。例えば、マッピングのパイオニア的な存在であるアメリカのトニー・アウスラー（Tony Oursler）に典型的な作品を見ることができる。特に最低限の状況設定の中で、縫いぐるみ的な人形の顔に小型ヴィデオ・プロジェクターによって不安、恐怖、怒りなどの人物の表情を投影する一連の作品［図24］などがあり、多様なバリエーションが存在する。

ヴィデオ・プロジェクターがフィルム・プロジェクターと大きく異なるのは、フィルムの場合、装置的にフィルムと光源とレンズが一体の構造であるが、ヴィデオの場合、フィルムにあたるヴィデオテープの映像信号を読み取るVTR部とイメージを投映するプロジェクター部が分離されていることである。これがヴィデオ・システムにフィルムを上まわるインスタレーションでの自由度を与えることになる〈23〉。機械的メカニズムに由来するフィルム・プロジェクターではノイズ音が問題になる場合もあるが、電子的システムのヴィデオ・プロ

24 トニー・アウスラーの小型プロジェクターを使った作品（1994）

ジェクターではその心配はほぼない。しかも多様なサイズの機種を選ぶこともでき、小型のものでは造形物の中など、ある環境の中で多様な設置の方法が可能である。一方、大型のスクリーンや特殊なスクリーンの制作〈24〉、あるいはヴィオラの《回廊》のように観客の視野をコントロールするために映写空間（展示空間）自体を設計する場合もある。

プロジェクターの利用は、映画の世界を連想させるシステムでもある。光の投射・反射、スクリーンの存在、そして暗い部屋。暗い部屋は見る者を日常的な空間から切り離し、夢・記憶・物語の世界へ入りやすい状況を生み出す。心の中の世界を可視化するには、ヴィオラにとって暗い部屋が必要であった。またプロジェクターは、モニターの物理的限界からイメージを解放し、自由に意図した場所に投射あるいは浮遊させることができる。この意味では、モニターテレビはイメージを閉じ込める器・箱といえよう。

ヴィオラは一九九〇年代初期にモニターテレビを使用した二つのインスタレーション作品を制作している。《天国と地上（Heaven and Earth）》（1992）【図25】は、天井と床からそれぞれ伸びた柱の先にブラウン管だけのモニターテレビが取り付けられている作品である。老婆（ヴィオラの母親）と赤ん坊（ヴィオラの息子）のイメージが出会うかたちで対面する。不可能な出会いを演出しているのであろうか。もうひとつの《眠る人々（The Sleepers）》（1992）【図26】は、七つの水の入ったドラム缶の底に、眠る人の顔がアップで映るモニターテレビが上向きに沈んでいる。保存処理された死体のイメージか、あるいは外界との接触を断ち自己の世界に沈潜するイメージのように見える。またテレビのブラウン管だけを取り出し、純粋

25 ビル・ヴィオラ《天国と地上》（1992）

26 ビル・ヴィオラ《眠る人々》（1992）

にイメージだけのディスプレイ装置として造形するゲーリー・ヒル（Gary Hill）の《それはいつもすでに起こっているから（In as much as it is always already taking place）》（1990）［図27］は、十六台の様々な大きさの裸のモニターテレビから構成される。作家自らの身体の部分のイメージを実際のサイズを変えることなく多様なサイズのモニターによって解体構築するかたちでインスタレーションされる。モニターテレビはまさにイメージを閉じ込める器のようである。

＊

ここで見たヴィデオ・プロジェクターとスクリーンを用いたヴィオラのインスタレーション作品では、映画を見る時のようにプロジェクターとスクリーンの関係は固定されている。絵画的な画面構成やイメージが重視されるからであろう。しかしながら、プロジェクターとスクリーンの動的な関係や投影の位置関係（方向性）の違い、あるいはインタラクティヴな要素をもった作品では、観客の身体性や参加性がより意識化されてくると思われる。例えば、ダムタイプの古橋悌二による《LOVERS》（1994）［図28］は、ギャラリー空間の壁や床がスクリーンとなるように複数のヴィデオとスライドのプロジェクターが回転制御される。裸体の男女の走るイメージがプロジェクターの回転運動によってギャラリー内の壁を軽やかに移動する。ギャラリー空間がパフォーマンスの会場に変わる。また床面やテーブル状の面に映像を上から投映するインスタレーションの場合、通常の映画やテレビを見る視線の位置関係とは異な

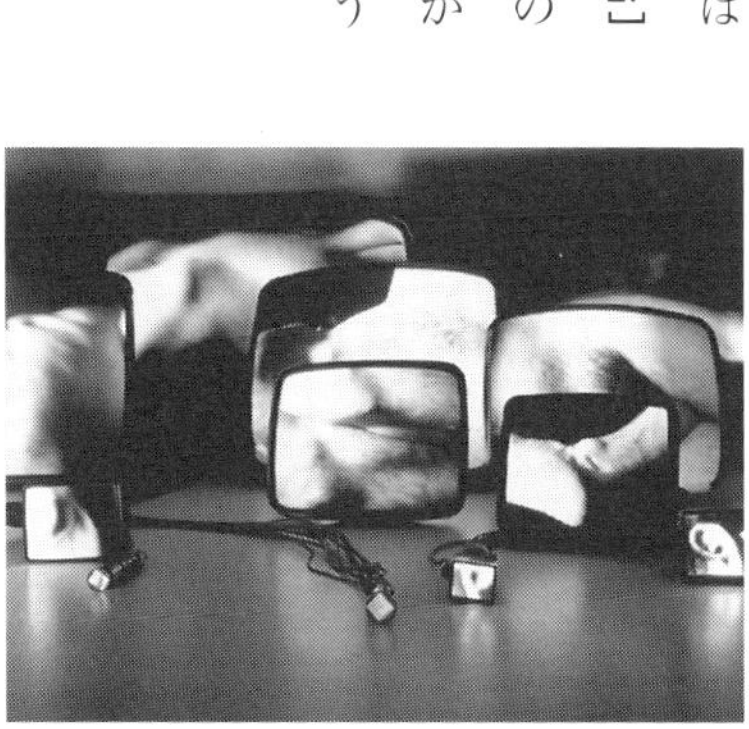
27 ゲーリー・ヒル《それはいつもすでに起こっているから》（1990）

28 古橋悌二《LOVERS》（1994）
©Canon ARTLAB

り、より日常の身体的空間感覚の中に「ヴァーチャルな空間」を作り出す仕掛けといえよう。

スタジオ・アッズーロ（Studio Azzurro）の作品《戦いの断片（Fragmmenti di une Battaglia）（戦いの全景より）》（1996）は、ヴィデオ・プロジェクターによって与えられる地面に掘られた様々な穴のイメージから構成され、観客の声や音に反応して映像が動き出すインタラクティヴな作品である。またタッチセンサーがテーブル面上にセットされたインタラクティヴな作品であるテクラ・シフォルスト（Theclaz Schiphorst）の《ボディ・マップ（Body maps）》（1996）は、タッチする手の感触を水と人体の虚構のイメージに結びつけた魅力的な作品である。映像を利用することが多いインタラクティヴ・アート系の作品も映像インスタレーション作品としてみなすことができるケースが多くある。また当初CD-ROM作品として制作され、その後、発展型としてインタラクティヴな機能にセンサーシステムを組み込んでインスタレーション作品として展開される場合も多くなっている。

＊

現在改良が進み普及している液晶ディスプレイなどの薄型テレビモニターは、従来のブラウン管の厚みを思うと造形的な処理に自由度を与えたことは確かである。また五〇インチ以上の大型化も進み、スクリーンに近い利用の仕方も可能になったが、プロジェクターによる投影像のような柔軟性は望めない（有機ELのようにロール状にすることも可能となったが）。しかしながら、LEDを用いたディスプレイ・パネルによる映像表示装置は、建築や舞台やスタジオの構成要素として考えやすくなったといえよう。またハイビジョンのような高解像の映像システムは、確かにフィルム映像に近づくことをめざしてきたかもしれない。フィルムとヴィデオの画質上の映像特性がますます接近した現在、ヴィデオのインスタレーションへの展開は、モニターテレビを利用した造形的オブジェ性やディスプレイ装置の光源としての利用法、あるいは小型軽量のプロジェクターを用いてフィルム的映像性をより柔軟に展開することも可能になったといえよう。

ヴィデオアートは、テレビや映画との差異を意識したヴィデオ・メディアの特性を探究してきたといえる。ここで見てきたように、特にヴィデオ・インスタレーションは、ヴィデオアートの創造的可能性を大いに展開する方向性を示すものであり、コンピュータ化とインタラクティヴ性を取り込みながら、映像インスタレーション作品／メディア・インスタレーション作品として今後も重要な探究領域といえよう。

[注]

1 P. Adams Sitney, *Visionary Film* (Oxford University Press, 1974), p. 407.
2 Peter Gidal, "Theory and Definition of Structural / Materialist Film", *Structural Film Anthology* (British Film Institute, 1978), pp. 1-21.
3 Peter Gidal, op. cit., p. 2.
4 Michael Snow, "A Statement on Wavelangth for the Experimental Film Festival of Knokkele – Zoute", *Film Culture* No. 46 (Autumn, 1967), p. 1.
5 Annette Michelson, "Toward Snow", *Structural Film Anthology*, pp. 38-44. (Extract from an article in *Artforum*,

June 1971)
6 Ibid., pp. 40-41.
7 Michael Snow, op. cit., p. 1.
8 Eugen Fink, “Vergegenwartgung und Bild”, *Studien zur Phanomenologie 1930-1939* (Martinus Nijhoff, 1966), p. 5, p. 78.（フィンク論文の訳出にあたって、金田晋「額縁の構造」『美学』一一二号を参照した。）
9 Michael Snow, “Letter from Michael Snow”, *Film Culture* No. 46 (Autumn 1967), p. 4.（この比較において、《New York Eyer and Ear Control》（1964）を「哲学」、《←→》（1969）を「物理学」としている。）
10 シェルドン・レナン『アンダーグラウンド映画』波多野哲郎訳、三一書房、一九六九年、二八六頁。(Shelden Renan, *An Introduction to the American Underground Film* (E. P. Dutton & Co., 1967.)
11 『美術手帳』一九七〇年四月号、五月号参照。
12 レナン『アンダーグラウンド映画』、二八九〜二九四頁。
13 同書、二九六〜三〇二頁。
14 同書、三〇八〜三〇九頁。
15 同書、三一五〜三一六頁。
16 Malcolm Le Grice, *Abstract film and beyond* (Studio Vista, 1977), p. 144.
17 Margot Lovejoy, *Postmodern Currents : Art and Artist in the Age of Electronic Media*, 2nd ed. (Prentice Hall, 1997), p. 220.
18 Ibid., pp. 218-219.
19 Roswitha Mueller, *Valie Export: fragments of the imagination* (Indiana University Press, 1994), pp. 9-11.
20 Rene Berger, “Videokunst oder Die Kunstlerishe Herausforderung der Elektronik”, 1982, (Kunst und Video: internet. Entwicklung u. Kunstler/Bettina Gruber & Maria Vedder, DuMont, Köln, 1983), S. 56 f.
21 匠秀夫「現代美術用語の解説」、『現代用語の基礎知識　一九八五年版』自由国民社、一九八四年。
22 Dorine Mignot, “The Luminous Image : Introduction”, *The Luminous Image* (Gary Schwartz in Cooperation with the Stedelijk Museum, 1984), p. 11.
23 「フィルム・インスタレーション」の作品例をひとつ考えてみよう。飯村隆彦の《Dead Movie》(1964-66)は、二台の十六ミリ映写機が向かい合い、一方は光のみを投映し、他方はブラックリーダーのループ・フィルムを上映する映写機とフィルムの影を背後のスクリーンに映すという作品である。マテリアルとしてのフィルム、マテリアルとしての光、プロジェクションという映画のシステムの前景化に作品のコンセプトがあるといえるが、ヴィデオの場合、イメージの支持体であるフィルムにあたるヴィデオテープがインスタレーション作品の重要な展示要素になることは、オープンリールの時代を除けばほとんどありえない。

24

例えば、松本俊夫の光ファイバーを球体状に束にして作られた特殊スクリーンとリア・スクリーンを組み合わせた作品《ルミナス・グローブ》(1989)。

その他の参考文献：*Film Culture* No. 63-64, 1977.; *Film Culture* No. 65-66, 1978.; アダムス・シトニー編『アメリカの実験映画』石崎浩一郎訳、フィルムアート社、一九七二年。; 美術出版社編『フェルメール』一九七〇年。

［付記］

本章はそれぞれ、以下に発表した小論を加筆修正したものである。

「マイケル・スノウの『WAVELEMGTH（波長）』について」：日本映像学会編『季刊映像』第十六号、一九八〇年。

「映像パフォーマンス――拡張映画、ヴィデオアートからメディア・パフォーマンスへ」：「第7章　映像パフォーマンス」『映像表現の創造的特性と可能性』（情報デザインシリーズ vol. 4）角川書店、二〇〇〇年。

「映像インスタレーション――ヴィデオアートに見るインスタレーション作品の創造的可能性」：「第7章　映像インスタレーション」『映像表現の創造的特性と可能性』（情報デザインシリーズ vol. 4）角川書店、二〇〇〇年。

第三章　ＴＶアート・ヴィデオアート

ＴＶの黎明期　――アーニー・コヴァックスのＴＶ番組集について

アーニー・コヴァックスは、アメリカではＴＶの黎明期のＴＶコメディアン、アーティストとして認識されている。彼が手がけたＴＶの生放送番組は、結果的にヴィデオアートへの橋渡し役となっている。私のアメリカ滞在時の一九八八年にもPBSの番組《The Best of Ernie Kovacs》(1950-62)として放映されていたし、その後テープやDVDとして市販もされている。

日本よりも早く一般放送が始まったアメリカでは、ＴＶコマーシャルの騒音化が社会問題となり、そうした状況を受けてコヴァックスはパントマイムやサイレント映画を参考にして番組を制作したようだ。黎明期のＴＶは、放送メディアとしては「ラジオ」に続くメディアであり、当時、〝絵付きラジオ〟と揶揄されている。初期のＴＶはその外形のデザインもラジオと近く、大きさも差がなかった。そして何よりも「音のメディア」としてのラジオの影響は大きかったわけである。ＴＶが「イメージのメディア」であることを強調する意味では、パントマイム／サイレント映画の手法を取り込み、適宜、サウンド効果を入れていくことは有効であったと思われる。イメージの表現に着目し、映像表現の特性を様々に実験していったコヴァックスは、その後のヴィデオアートの第一世代の作家たちに影響を与えたといえよう。

《The Best of Ernie Kovacs》は五巻（Vol. 1-5）からなる。その中から授業で紹介してきたものをあげてみよう。

〈Vol. 1〉からは、ミュージック・ヴィデオといえる「The Musical Office」である。スタジオにセットされたオフィスルームの家具や机上の様々なものが音楽に合わせて動き踊るのである。リアルタイムで音楽に合わせてそれぞれの動きを作り、動きの仕掛けがわからないようにコントロールされている。撮影後の編集ではなく、複数のスタジオ・カメラの切り替えによってリアルタイムでカットを作り出している。

「現実空間とイメージ空間」、「虚像と実像」の関係を見せるものでは、ＴＶの筐体の上面にドリルで穴をあけていくと、ＴＶ画面の中にドリルが現れ、さらに進んで映像のボートに穴をあけ、ボートは沈んでしまう。

またコヴァックスがスクリーンの壁を切り裂き、裂け目の中をすり抜けて消えていくシーンは、画家のフォンタナの切れ目の入ったキャンバスの作品やヴィデオ・パフォーマンスの古典的な作品といえるピーター・キャンパスの《Three Transitions（三つの移行）》（1973）を思い出させる。

〈Vol. 3〉からは、このＴＶ作品集の重要な部分といえる三つのシーンを取り上げてみよう。ひとつ目は、コヴァックスの代表作ともいえる「ユージーン（Eugene）」というキャラクターを演じる作品の中にある「パースペクティブ（奥行き）と平面性」、「ＴＶ画面／カメラの存在」に関わるものである。

コヴァックスがセットの廊下を奥から手前に歩いてくる。ガラスの扉の存在を暗示するようにＴＶ画面（あるいは、カメラのレンズ）に向かってテープを貼って扉の形を作っていく。その間、文字テクストが画面上に右下から左上にスーパーインポーズされ流れていく。次の瞬間、振り向くと廊下の奥行きは無くなり、フラットな壁にパースペクティブを示す線だけが描かれている。ＴＶ映像のイリュージョンとしての奥行きの知覚を混乱させるように、画面のフラットさを強調するようなイメージ操作を行い、メディアの存在を意識化させる仕掛けを工夫している【図1】。

二つ目は、「画面の水平ラインと重力（上下）の関係」を描いたもの。

コヴァックスが大きなテーブルの中央に座り、ミルクを飲むためにボトルからコップに注ごうとするがなかなかスムーズにコップに収まらない。テーブルにこぼれて画面の右手の方に流れていく。豆も右手の方へ転がっていく。テーブルの右端には別の男性がいて新聞を読んでいるが、この男性のズボンの上にミルクが流れていく。コヴァックスは状況を確認するために豆を糸につるして重力の方向をチェックする。この状況を踏まえてコップの位置を変えて何とかミルクを注ぐことができた。

我々はＴＶ画面内のイメージが一見、日常と同じように上下関係に問題がなければ重力の方向に変化が起こっていることに気づかない。つまりカメラとセットが一体になって三〇度程傾いて撮影されているのだ。作品で重力の方向を問題にするのは、私の記憶では、どういうわけか東ヨーロッパ系の作家に多いように思われる。ポーランド出身のズビグニュー・リプチンスキー（Zbigniew Rybczynski）もヴィデオの初期の作品の中に宇宙飛行士をモチーフ

1　TV番組《The Best of Ernie Kovacs》（1950-62）

とした重力の状況を描いた作品がある。

三つ目は、「ＴＶドラマ（既存の映像作品）の中に介入する」ものである。

「サウンドによる介入」は、監督があるドラマ内のシーンで役者に演技指導するように、サウンド（監督の声）が付加されている。監督の音声が何度もセリフ・叫び声のタイミングを指示する様子として我々には読み取れる。既存のＴＶドラマのシーンに勝手に介入するわけである。

「イメージによる介入」では、ＴＶ画面に人物をスーパーインポーズする・マスク合成することによって、物語のシーンに勝手に侵入して関わろうとする。白黒のＴＶ画面でもわかりやすいように全身が白っぽいイメージの男性として挿入される。もちろん音声（セリフ）も追加されている。

このような「既存の映像作品への介入・侵入」ということでは、リプチンスキーのヴィデオ作品《階段（STEPS）》（1987）を想起させる。モンタージュ理論との関係でよく紹介されるエイゼンシュテイン（Sergei M. Eisenstein）の映画《戦艦ポチョムキン》（1925）の「オデッサの階段」のシークエンスの中に現代の観光団が入り込んで旅をするというコンセプトで制作された作品である。ＴＶスタジオからブルーバック合成によって映画の中に入っていく。サイレント時代の白黒フィルムとヴィデオ時代のカラー映像がコントラストをなし、現代の観光団のメンバーが《戦艦ポチョムキン》の役者と絡むように、邪魔をしないようにマスク合成・クロマキー合成される。

モンタージュ理論との関係から考えると、例えば、仮想の街を想定したイメージ制作のためにアーカイブから探し出した様々な映像素材や、様々な都市を撮影した素材からひとつの仮想の街を構成したりする。基本的に様々なカットを時間軸上で切り替えながら編集するのが従来のモンタージュである。現代のメディア理論家であるレフ・マノヴィッチは、『The Language of New Media（ニューメディアの言語）』(2001)の中で従来のフィルム時代のモンタージュに加えて、デジタル合成技術を前提とした「空間のモンタージュ（spatial montage）」という概念を導入する。絵画やデザインでは「コラージュ」という言葉が使われてきたが、デジタル合成技術の展開により同じフレーム内でのレイヤー構造が可能となったことで、コラージュ表現での個々の要素が時間軸をもてるようになったと考えればわかりやすいだろうか。コラージュ技法は時間軸をもたない表現手法であったので、映画のモンタージュに対して「空間のモンタージュ」と名付けたと思われる。空間のモンタージュは、さらに「存在論的モンタージュ（ontological montage）」と「様式のモンタージュ（stylistic montage）」の二種類に分類される[1]。時空間的に共存しえない関係の合成表現を「存在論的モンタージュ」。もうひとつの「様式のモンタージュ」は、アナログからデジタル化の進展に伴い、フィルムとヴィデオといった異なるメディア・フォーマットがデジタル技術上で合成される場合を意味する。例えば、映画《フォレスト・ガンプ》(1994)の場合、歴史上の人物（ケネディ大統領など）とトム・ハンクス演じる主人公との出会いを映像で合成して作り出すシーン。また日本のＣＭでは、有名な昔の映画スターと現代のタレントが出会うような合成シーンがある。

〈Vol. 4〉では、音楽の可視化といえる「カレイドスコープ」の表現を見ることができる。いわゆる万華鏡のイメージであるが、白黒ＴＶの時代であるので、カラフルなものではなく、音楽にシンクロしてイメージが変化する。一見、抽象的なイメージであり、ヴィジュアル・ミュージックのように見えるが、中心部分をよく見ると音に合わせて指が動いていることがわかる。

〈Vol. 5〉には、白黒ＴＶ時代ならではの作品「色を言葉で表示する」というコンセプチュアルな「ヴィジュアル・ギャグ」がある。画面の中のものに色を示す名札（「Blue」、「Black」などと書いた名札）を付けて見せるシーンである。

現代では、古い白黒フィルムで記録されたドキュメンタリー作品をデジタル技術（最近ではＡＩ技術を含む）を使ってカラーに変換してＴＶで再公開することが度々行われている。映画の黎明期には、白黒フィルムに直接、手作業で染料を使って着色することが行われていた。例えば、メリエス（Georges Méliès）の《月世界旅行》（1902）のカラー版が発見され、ネット上で公開されている。コヴァックスは、音の可視化に関して、白線による音の波形表示も行っている。サイレントからトーキーに移行する時期でもあるジガ・ヴェルトフ（Dziga Vertov）の《カメラを持った男》（1929）にも波形表示のシーンが出てくる。パイクの観客参加によるインタラクティヴなＴＶ作品では、観客の声がマイクを通じてＴＶ画面にランダムな波形のようにイメージ化される。ゲーリー・ヒルの初期テープ作品にも音の可視化を見ることができる。

*

アーニー・コヴァックスは、日本ではほとんど知られていないが、興味深い「ＴＶアーティスト」としてみることができる。一般的にはコメディアンとして活躍し、その後のコメディアン（ピーウィー・ハーマン（Pee-Wee Herman）やイギリスのモンティ・パイソン（Monty Python）など）に影響を与えている。日本でいえば、一九七〇年頃のバラエティ番組『ゲバゲバ九〇分』のクレージー・キャッツや、その弟子にあたるドリフターズもＴＶ番組の中で〝ヴィジュアル・ギャグ〟の映像表現を用いながらコメディアンとして活躍したと見ることもできよう。

ヴィデオアートの始まりは？

ヴィデオアートの始まりは、〝テープ作品〟としてパイクが発表した「一九六五年」とされてきた（一九六三年の〝インスタレーション作品〟の始まりとは区別して）。この時点でソニー（SONY）の「ポータパック（Portapak）」が一般に販売されていなかったので、パイ

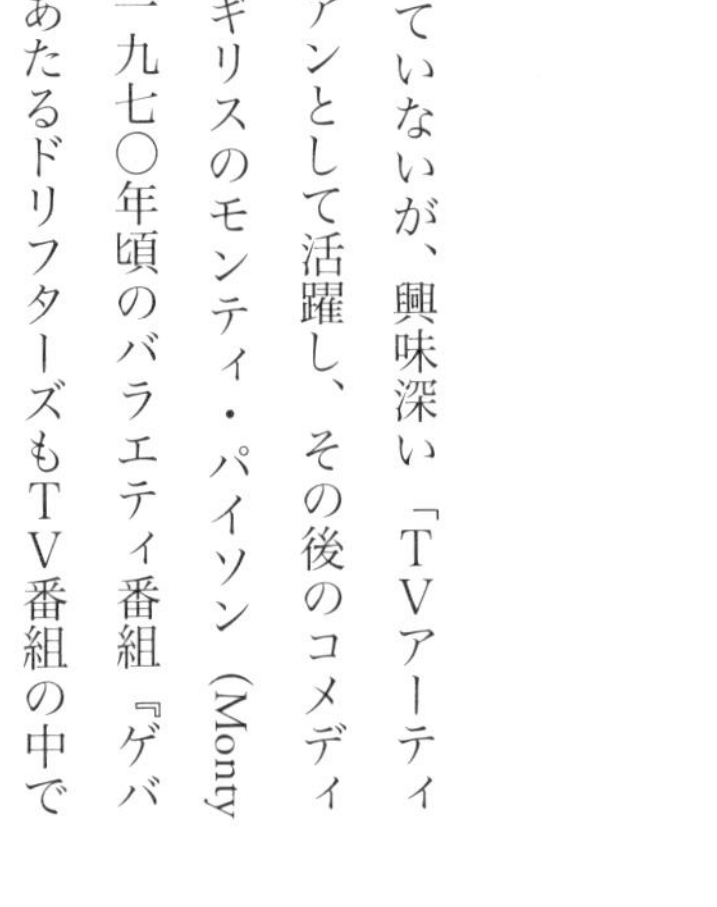

2 ソニーのCV-2000シリーズのTCV-2010

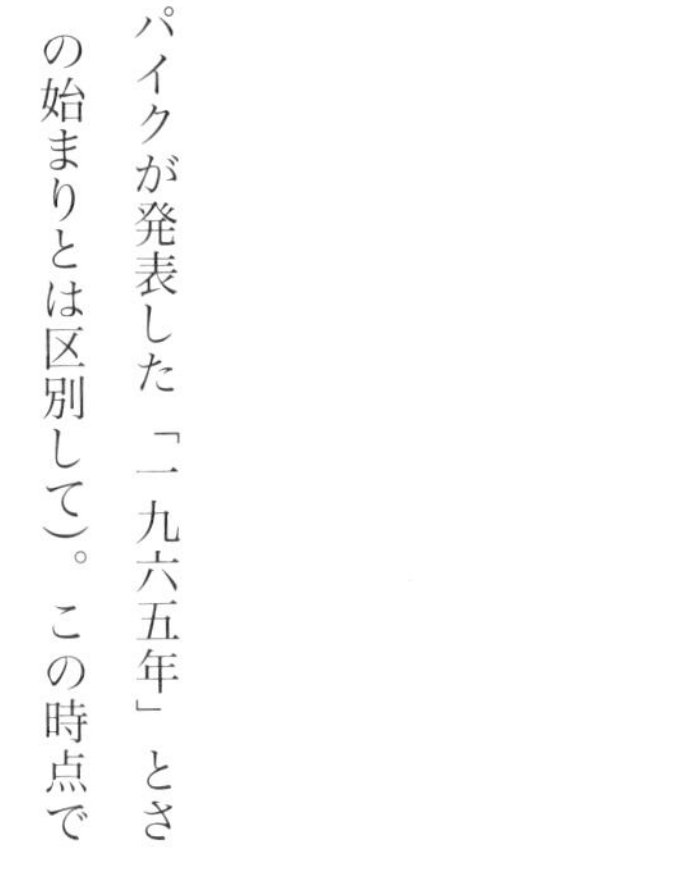

3 ソニーのポータパック

クはどんなヴィデオ機器を使ったのか（販売されたのは一九六八年）。ディーター・ダニエルス（Dieter Daniels）によれば[2]、ロックフェラー財団から助成金を受けたパイクが購入したヴィデオはソニーのCV-2000シリーズのTCV-2010（民生用のオープンリール、1/2インチテープでカメラ付き、約一〇〇〇ドル）【図2】であり、後の「ポータパック」【図3】のようにポータブルではなかった。一九六五年、パイクは、ニューヨークを訪問したローマ法王を撮影し、その夜にグリニッジ・ヴィレッジの「カフェ・ア・ゴーゴー」で発表した。これがいわゆる「テープ作品」としてのヴィデオアートの誕生である。

また当時、他のレコーダーでは不可能であったＴＶ放送をTVC-2010は録画することができた。ダニエルスは、より重要なのはＴＶからの画像の流用である「ループ再生されたニューヨーク市長のイメージ」を用いた《Study 1: Mayor Lindsay》(1965)【図4】であると主張する[3]。そしてこれをヴィデオを使った最初の〝ＴＶアート〟作品として位置付けている。

パイクによる「ループ再生」の技術の転用は、それまでのオーディオテープでの制作経験が活かされたものである（一九六三年の《音楽の展覧会》で発表された参加型のインタラクティヴなランダム・アクセスのオーディオテープ作品など）。パイクはジョン・ケージ（John Cage）から強く影響を受けた現代音楽のパフォーマーでもある。

＊

次にアンディ・ウォーホルの場合を見てみよう。一九六五年にニューヨークでアンディ・

4 ナムジュン・パイク《Study 1: Mayor Lindsay》(1965)

ウォーホルが制作した作品《Outer and Inner Space》（1965）［図5］は、パイクが《Study 1: Mayor Lindsay》を発表した十一月よりも数か月早い同年の夏にヴィデオを使用した作品として発表されている。二面マルチのフィルム作品であり、ヴィデオ撮影したイメージをTVで再生したものをフィルムで再撮影している。TV局のスタジオでは二インチテープのVTRが主流の時代であるが、この時使用されたヴィデオのシステムは、フィリップス（Philips）が開発した最新の業務用の一インチテープのVTR（ノレルコ（Norelco）のブランド名で発売）をウォーホルの〝ファクトリー〟へ貸与したものであった。知名度のあるアーティストに利用してもらうことで宣伝する意図であったようだ。ファクトリーのスーパースターであったエディ・セドウィック（Edie Sedgwick）を約三三分撮影したもので、二つのスクリーン画面の中はともに、TVに再生された彼女自身と彼女が対話しているように見えるシーンであり、四人のエディの顔が並んだ構図になっている。

フィリップスのノレルコは、ソニーとも異なる特殊なスキャン方式であったため、すぐに旧式となり、記録したヴィデオテープを再生できるマシンは消滅していったが、《Outer and Inner Space》は現在も二面マルチのフィルム作品として保存展示されている。ウォーホルのヴィデオ作品のその後の展開は知られていないが、この経験が後のフィルム作品へと活かされたと推測できる。商業的にも公開された二面マルチの実験映画《チェルシー・ガールズ》（1966）は有名である。

ベルリンにある旧駅舎・車両基地を改修して作られた、インスタレーション作品を中心に

5 アンディ・ウォーホル《Outer and Inner Space》（1965）

コレクションする現代美術館「ハンブルガー・バーンホッフ」の開館当時、私は展示されていた《Outer and Inner Space》を見ることができた。この時は、パイクやヴィデオアートとの始まりとの関係は意識しなかったが、フィルムで再撮影した作品であったことから、アナログＴＶ時代のヴィデオ（ＴＶ）・ノイズのイメージをフィルムを通じて見ることができたために、大変印象に残った作品であった。

また一九六三年作のヴォルフ・フォシュテルの〝ＴＶデコラージュ〟《Sun in Your Head》もこの時期の作品としてよく紹介されるが、この作品はＴＶ映像（画面）をフィルムで再撮影し編集した「フィルム作品」であり、ＴＶで再生上映されている。放送を録画できなかった当時のＴＶ映像のノイズ・イメージを見ることができる。

デジタル・ヴィデオでは通常、見ることができないノイズ・イメージであり、デジタル・ノイズを意図的に生み出す「グリッチ・アート（glitch art）表現」ではなく、フィルム記録を介して、当時のヴィデオのリアルなノイズ・イメージを現在見ることができるのは興味深い。デジタル映像処理のソフトウエアでは、逆に古いフィルム・イメージを生み出すために、フィルム的ノイズ（傷、ゴミなどのイメージ）を意図的に作成したりする。

ウォーホルの場合も、「new」メディアであるヴィデオのイメージが「old」メディアであるフィルムによって生き残り見ることが可能となっている。ヴィデオ・システムは、アナログからデジタルへと変化し、またハードからソフトウエアへと変容してきた。アナログ・ヴィデオ・テープは、フィルムに取って代わると思っていたものが、テープ・メディアからディスク・メディアへ、そしてメモリー・タイプへと次々に変革され、旧メディアはゴミとなっている。しかし、フィルムはいまだ健在である。ヴィデオテープで制作された作品は、テープは存在しても再生装置・マシンが姿を消していくに伴い、見ることができなくなっていく。磁気テープは、マシンなしでイメージを見ることができない。しかし、写真をベースとするフィルムは、イメージを何らのマシンにかけることなく手に取って画像を見ることができる。ゆえにいつの時代になってもその時代の技術によって再生利用可能といえよう。

パイクとジョン・ケージの関係

ジョン・ケージの「フルクサス」への影響は、よく知られている。パイクもフルクサスのメンバーであり、音楽美学の出身でもある。以下、その影響関係を具体的な二作品からみてみよう。

まずはジョン・ケージの有名な《四分三三秒》（1952）と、パイクのフィルム作品《Zen for Film (Flux film #1)》（1964）。

デイヴィッド・チュードア（David Tudor）による《四分三三秒》を YouTube で見ることができる。ピアニストであるチュードアは、経過時間をチェックするだけでピアノを演奏することなく終了する。（チュードアは、演奏後、観客が怒り出したことを語っている）。

パイクは、《四分三三秒》のピアノコンサートをフィルム上映に置き換えて、《Zen for Film (Flux film #1)》を制作したと見ることができる。実際にこの作品がフィルム上映されていた時は問題なかったが、フィルムがいったんヴィデオに変換されてYouTubeにアップされれば、YouTubeの画面は約八分間、基本的にずっと真っ白で変化しない。フィルム上映の会場と上映装置（フィルムの映写機への装填）という根本的な存在が消えている。つまり、フィルムという存在がないことによって、上映のたびにフィルムに傷が付いたり、プロジェクターのレンズやゲートでのゴミの存在も影響しなくなる。YouTubeではデータが正確に再現されるだけとなり、コンピュータやネット上でのノイズは問題外であるが、パイクの意図が伝わらない。フィルムを扱った経験がない人にとっては、本作の伝えるところが想像しづらいものとなっている。

＊

次に、ジョン・ケージの《Imaginary Landscape No. 4（心象風景No. 4）》（1951）と、ドイツのパルナス画廊でのパイクの最初のＴＶを使った展覧会《音楽の展覧会——エレクトリック・テレビジョン》(1963)。

ケージの《Imaginary Landscape No. 4》は、十二台のラジオをそれぞれ二人一組で操作（演奏）する作品である。リアルタイムで実際に放送されているラジオ番組を音源として利用している。

パイクの《音楽の展覧会》は、まだヴィデオは利用できない時期であったが、ヴィデオアートの歴史上、「インスタレーション形式」（「テープ作品の形式」との対比）の最初の作品として考えられる「TVインスタレーション」作品である。ドイツのTVが当時、まだ限られた時間帯のみに放送していたその時間に合わせてギャラリー公開して発表した。サウンド（ラジオ）からイメージ（TV）へと〝メディア変換〟し、TVに様々な仕掛けを施して展示した。その中でも、電磁石でTV画面を歪曲させるものはよく知られている。映像を作り出すTVの電子ビームに磁力で干渉して規則的な走査線の動きに影響し画像が歪んだイメージを生み出すわけだ。これは、グランド・ピアノの中に異物を置くことによって演奏される、ケージの「プリペアード・ピアノ」ならぬ「プリペアード・TV」であるといえるだろう。

ヴィデオを構成する装置のトライアングル

ヴィデオを構成する三つの装置である「カメラ」と「VCR（VTR）」と「モニターTV」。三つの装置はそれぞれ開発の歴史をもち、芸術分野との関係をもっている【図6】。現在の「スマートフォン」は、デジタル技術の進化によって、これら三つの装置がコンパクトにひとつに凝縮されているといえる。これらの三つの装置・機能を順次、振り返ってみよう。

1. カメラ

カメラは、シネマトグラフの発明以前には、写真の発明があり、カメラの開発が行われてきた。シネマトグラフはカメラ兼映写機であったが、連続写真へのカメラ装置やフィルムの

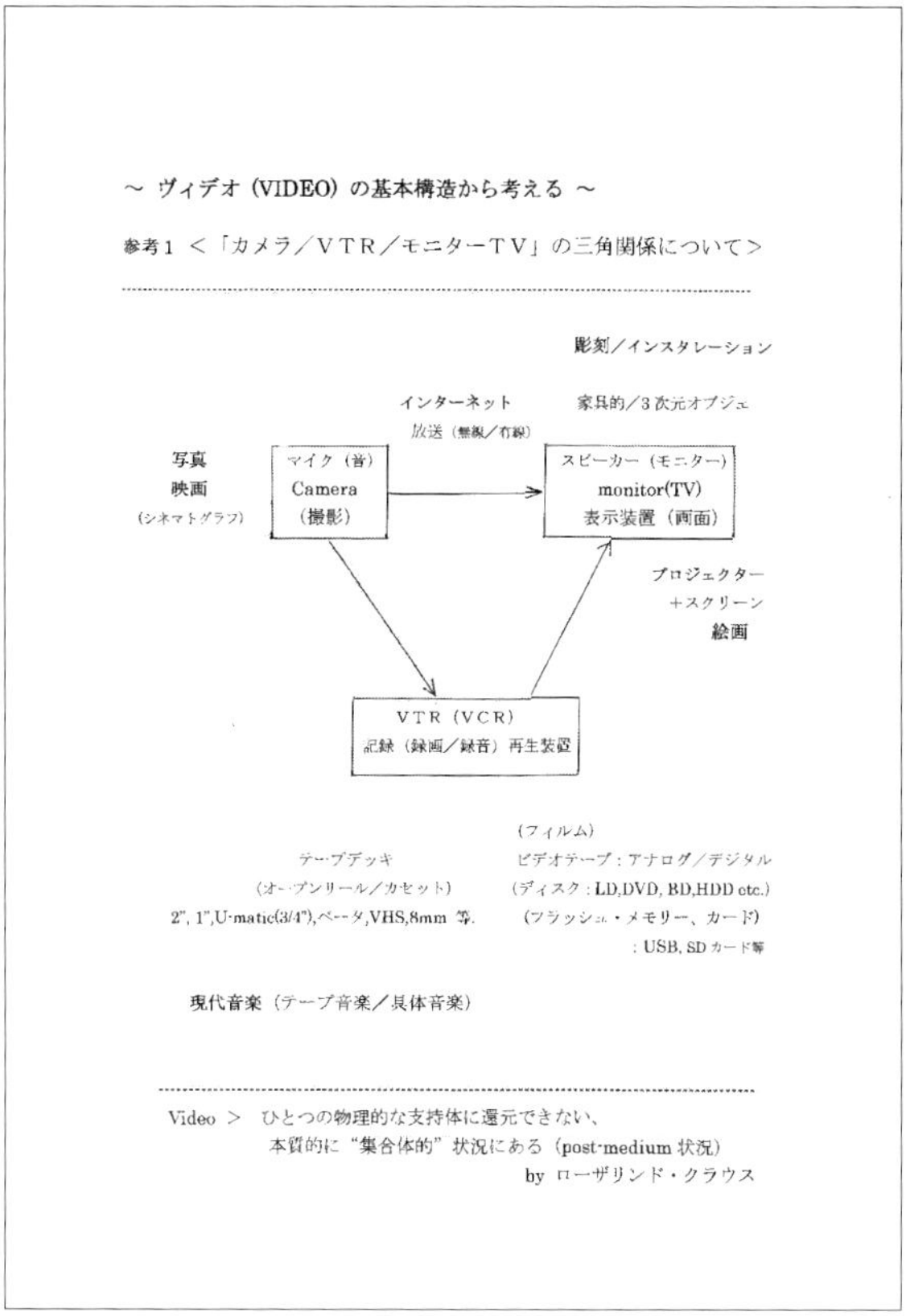

6　ヴィデオを構成する三つの装置（著者の講義ノートより）

開発が映画へと進展する。基本的にカメラ装置の背景には、「写真」と「映画」が文化芸術領域として存在している。カメラの撮影機能には、録音用の「マイク」も追加される。ヴィデオは、それぞれイメージと音の信号としてVCR（VTR）に送られ、磁気テープ上に記録される。あるいは直接、モニターTVへと送られる。有線（ケーブル）か無線（電波）かについてここでは問題にしない。

近年のカメラ制御に関する顕著な動向では、人間の手を離れてコントロールされる「ドローン」や「ロボットアーム」を利用した撮影方法も様々に駆使されるようになった。特にドローンは、従来の飛行機を使う空撮から身近な空撮へと利用が拡大し、手持ちによる人間カメラマンでは不可能な視点や環境での撮影を可能にした（例：マイクロドローンを使用した「近畿大学のPR動画」(2018)）。またスポーツ中継などに見られる画面の安定化をサポートする「ステディカム」。九〇分のワンテイク（ワンカット）で撮影されたソクーロフ（A. Sokurov）による作品《エルミタージュ幻想（原題：ロシアの箱舟）》(2002）は、このステディカムのシステムを使ってハイビジョンで撮影された。また人間では難しい正確な繰り返し操作を可能にしたモーション・コントロール・カメラ。その延長上に位置する工業用のロボットアームを利用した、カメラマンでは不可能な高速で正確な移動撮影が可能となった（例：Bot & Dollyの《Box》(2013)、やくしまるえつこメトロオーケストラのMV《少年よ我に帰れ》(2011)）。最近でも個人利用を想定してカメラ・コントロールに関わる周辺アクセサリーが増えている。人気の「タイムラプス撮影」をサポートするアクセサリーなどもそのひとつとしてあげられよう。

2. VTR（VCR）〈4〉

ヴィデオは、最初からイメージと音を信号として同録できる装置であった。ヴィデオアート初期のポータパックでは、1/2インチのオープンリールの磁気テープに信号が記録された。放送局では二インチのオープンリールからスタートするが、その後、テープは一インチへ、そしてカセット化されて3/4インチ（Ｕマチック）となった。民生用ではさらに1/2インチ（VHS、ベータマックス）になった後、八ミリやＤＶテープへといっそうコンパクトになる。磁気テープはヴィデオ以前に音響メディアの録音再生装置としての音響機器が先行しているので、音楽、特に「現代音楽」の新たな分野が開拓されている（例えば、テープ音楽、具体音楽）。テープ・メディアに限らず、電子メディアとして、ヴィジュアル分野の前に常にオーディオ分野の技術開発が先行してきた。パイクが現代音楽の分野からスタートしていたことが、ジョン・ケージとの出会いも含めて、ヴィデオアートを創出する大きな動因であったといえよう。

記録メディアは、その後、テープから〝ディスク〟メディアへと変わっていく。コンピュータ化やデジタル化の進化と共に、ＬＤ（レーザー・ディスク）、フロッピー・ディスクやＣＤとしてコンピュータのデータ記録メディアとなり、HDD／DVD／ＢＤへと多用途化する。ディスク・メディアからよりコンパクトなUSBやＳＤカードなどのメモリー・タイプのメディアへと進化する。パイクは、〝テープ・メディア〟と〝ディスク・メディア〟を比較して、それぞれを「タイムベースド（time-based）・メディア」と「ランダムアクセス・メディア」として解釈し区別している。テープによるアナログ電子編集の操作を体験していれば、ノンリニア編集といわれる現在のソフトウエアベースのコンピュータ編集が情報制御の効率性から、その進化を理解できるであろう。

3．モニターTV

次に記録され編集されたデータや作品を送り出し、表示上映する装置がＴＶモニターである。音声モニターであるスピーカーもここに同時に存在する。ヴィデオアートの黎明期は、家庭用白黒ＴＶがモニターとして利用されたが、スピーカーやチューナーが分離された専用モニターは、一九八〇年代からギャラリーや美術館で展示用に利用されるようになった。この意味でも「テレビ（ＴＶ）」は家庭で見る機器であり、家庭という〝場（トポス）〟をテーマとした作品も制作されている。ブラウン管式のＴＶは、現在の液晶などの薄型ＴＶと比較するとその存在感は異なり、家具のようなインテリア性をもち、三次元的な厚みをもった重量ある物体として、ＴＶモニターの〝身体性〟を感じるものであった。基本的に規格性をもつ工業製品であり、大きさや画面比率などは作家の自由になるわけではない。ブラウン管のサイズの限界もあり、大きなイメージが必要な場合は、ＴＶモニターを複数組み合わせることによって構成された。造形物などとＴＶを組み合わせたりすることで、「ヴィデオ彫刻」、「ヴィデオ・オブジェ」と呼ばれる形式の作品も生まれ、さらに規模の大きい「ヴィデオ・

インスタレーション」の形式と区別された。

ヴィデオ・プロジェクターもその後開発されるが、初期のカラーの三管式のものは解像度や画質も悪く、大型で取り扱いは厄介であった。白黒時代のプロジェクターを使った作品を日本では見ることはなかったが、アメリカのピーター・キャンパスの初期作品に見ることができる。一九九〇年代に入って映画祭でもヴィデオ作品が上映されるようになったが、同じ大きなスクリーンで上映されると、十六ミリフィルムの映写機と比較しても色の再現性や画質の点で圧倒的に不利な状況であった。プロジェクターの利用普及とともに、映画と同じ投映像によって作品を見ることが増えるが、ヴィデオ作品は、映画館や上映ホールというよりは、主に美術館やギャラリーのホワイトキューブの空間を暗室化した環境で発表上映されていく。

近年、野外イベントなどで大型のマルチプロジェクションのシステムを組んで行われる「プロジェクション・マッピング」が話題となっている。大型のデジタル・プロジェクターの性能向上の一方、小型の薄型ＴＶモニターも多様化し、iPadやスマートフォンとして急速に普及し、大型化と小型化がともに進展した。

ディスプレイの大型化では、舞台セットやスタジオ・セットを構成する要素として、LEDパネルを組み合わせることによって多様な大きさや形態のディスプレイを構成可能にしている。また有機ＥＬは、柔軟性のあるディスプレイ素材として折りたためるスマートフォンや曲面を利用できる様々な薄型ディスプレイ装置が開発されつつある。

アートとテレビ ——テレビジョン・アートをめぐる諸相 [1996]

ヴィデオアートの歴史を振り返る時、ＴＶとの関係が常に重要な契機となってきた。一九八〇年代前半から「テレビジョン・アート（以下、ＴＶアートと略）」という言葉が聞かれるようになった[5]。それはヴィデオアートがＴＶとの関係を再考し始めた頃ではなかっただろうか。この小論は、欧米におけるヴィデオアート作品の紹介番組を超えたアート番組とは何を意味するのか、つまり「ＴＶアートとは何か」をテーマに、ＴＶの世界とアートの世界の関係の変遷をヴィデオアートの視点から考察するものである。

＊

まず最初にわれわれが確認すべきは、一九五〇年代後半から六〇年代初期のいわばヴィデオアート前史における「ＴＶアーティスト」といえる作家たちの存在である。演劇をＴＶ言語へ創造的に転換しようと試みたフランスのジーン・クリストフ・アベルティー（Jean-Christophe Averty）であり、ＴＶコメディアンであったアメリカのアーニー・コヴァックスの二人である[6]。コヴァックスは、ヴィデオアート誕生以前のヴィデオアートの先駆者的存在として八〇年代に再評価されている[7]（コヴァックスについては、第三章「ＴＶの黎明期」を参照）。ここではＴＶの世界にアートの戦略を持ち込んだポストモダニストがいたことを確認するに留めたい。

われわれが一般にヴィデオアートの始まりの議論で触れることになるのは、一九六三年のパイクやフォシュテルによるＴＶを用いたインスタレーション作品である。しかしながら、パイクの《エレクトリックＴＶ》やフォシュテルの《ＴＶデコラージュ》に見られる反ＴＶの批判的態度の表明は、アート界での出来事であり、イメージに干渉する行為であっても、直接ＴＶイメージの創造に関わるものではなく、ＴＶ番組の制作に携わるＴＶ局内部での出来事ではない。ＴＶ界で最初のＴＶアートを志向した人物として、ドイツのカメラマンであり映像作家でもあるゲリー・シュムについて次に見てみよう。

＊

ＴＶアートを考察する上で欠くことのできない資料であると思われるが、一九七九年末にオランダのステデリック美術館で開催されたドリーン・ミニョ企画によるゲリー・シュムの回顧展のカタログによって、われわれは彼の活動を知ることができる〈8〉。

一九六八年にドイツのゼロ（ZERO）グループの中心人物であったオットー・ピーネ（Otto Piene）は、ケルンの公共放送局（WDR）の制作依頼でアーティストによる最初のＴＶ番組として『ブラック・ゲート・ケルン（Black Gate Cologne）』をアルド・タンベリーニ（Aldo Tambellini）と共同制作している。シュムは、同じ頃、同じくWDRのために芸術に関するドキュメンタリー映画の制作を行っていた。この『ブラック・ゲート・ケルン』に刺激を受けたことも十分推測されるが、六〇年代後半の芸術動向（「場」の問題、プロセスの重視／コンセプチュアル・アート、アルテ・ポーベラ、アース・アート）とギャラリー・システムの関係に対して疑問をもっていたシュムは、〈TVギャラリー〉を構想する。このアイデアは、六〇年代後半のベルリンの政治的地理的な孤立状態が重要な契機であり、また当時大変顕著であった民主主義的理想の復興に伴い、現代芸術における新しい動向について知る機会を大衆に提供したいという彼の意図によるものでもあった。

「芸術番組（an art program）ではなく、特にTVでの公開のために考えられ実現された芸術作品（art works）」[9]をめざすことが彼の目的であった。彼はアイデアやコンセプトを視覚化する手段としての映像メディア（フィルム）と芸術の脱物質化（dematerialization）いう視覚芸術における傾向を創造的に統合しようとした。映像の可能性に関心をもっていた多くのアーティストにアピールし、二つの番組〈TV展（Television-exhibition）〉と二つの〈TVプロジェクト〉が実現する。

最初のTV展の番組『ランド・アート（Land Art）』（b/w、三五分、ベルリン自由放送局（SFB）、1969）では八つの短編作品が放映された。デ・マリア（Walter de Maria）、ロング（Richard Long）、ディベッツらがその代表的作家であり、アーティストによるパフォーマンスと映像（撮影編集操作）の統合がめざされた。特にディベッツの《パースペクティブの補正を伴う十二時間の潮のオブジェ》（1969）は、固定カメラによる撮影で砂浜にトラクターの轍によって描かれる線がそのパースペクティブを補正するようにフレームの矩形に合わせていくとい

7 ヤン・ディベッツ《パースペクティブの補正を伴う十二時間の潮のオブジェ》（1969）

うコンセプトからなる作品であった【図7】。いわゆるドキュメンタリーの文脈からではなく、「より重要なことは、新しい芸術形式が発展するように、出来事とメディアのギャップを埋めることであった」〈10〉アーティストの行為が映像の空間特性とＴＶの時間構造にうまく適応する在り方を探る試みであった。

　ＴＶプロジェクトのひとつであるキース・アーナット（Keith Arnatt）による《自己埋葬（Self-burial）》（1969）は、画面中央の人物が徐々に地中に埋まっていくプロセスを示す九枚の連続写真からなる作品で、何らの紹介や解説もなく毎晩二回一枚ずつ番組の間に二秒間放映された。もうひとつのプロジェクトであるヤン・ディベッツによる《暖炉としてのＴＶ（TV as a fireplace）》（1969）は、ＴＶが暖炉のように見える燃えるシーン【図8】がその点火から灰になるまでのプロセスを毎日放送終了後、三分間ずつ一週間放映した。

　二回目のＴＶ展『アイデンティフィケーションズ（Identifications）』（b/w、五〇分、バーデンバーデン南西放送局（SBB）、1970）は、作品と芸術的プロセスにあるアーティストとの相関関係に着目し、特に映画・ＴＶはアイデアの物質化を避ける可能性をある程度まで提供するものとして、アートマーケットを維持させている作品とアーティストの分離を克服しようとする試みであった。ボイス（Josepf Beuys）、セラ（Richard Serra）、ギルバート&ジョージ（Gilbert & George）の活動を取り上げるなど前回よりも多くの作家が参加するが、シュムの貢献度は顕著ではなかった。

　特に『ランド・アート』は映画作家と視覚芸術家とのＴＶにおける創造的な出会いという

8　ヤン・ディベッツ《暖炉としてのＴＶ》

意味で、アートについてのドキュメンタリーを作るのではなく、TVのための芸術作品を作ること、番組自体が芸術作品であることを互いに同意していた。アーティストがディレクターでシュムがカメラマンを担当し、カメラ操作など映像化の手段と方法が作品解釈上、重要な要因であった。これらの番組は、レポート的あるいは批評的な解説がなされることなく放送された。あくまで作品の発表であり、呈示が目的であった。彼の活動に対する参加アーティストの評価は次のように分かれている。

シュムは媒介者（メディア）であり、技術的可能性の拡張者であり、アーティストのアイデアを実行する人である。一方、シュムは、アーティストである。彼はアーティストのアイデアを単に映像化（film）したのではなく、アートに作り上げた。〈11〉

このような技術協力者、あるいは共同制作者としてのシュムに対する位置付けの違いは、当然各アーティストの映像に対する認識の差から生まれたといえよう。またTV局は彼の意図を理解することなく、番組の導入に特別のコメントを加えるよう要求したが、彼が応じなかったためにこのシリーズは継続されなかった。その後、フィルムからヴィデオ制作へと転向し、デュッセルドルフにヴィデオギャラリーを開設（1971）するが、当時のヴィデオ機器の普及状況や配給の問題に失望し、まもなくギャラリーは閉鎖され、彼自身一九七三年に亡くなってしまう。最後のプロジェクトは、美術館のネットワークを作り、美術館のためのヴィデオキュレーターになることであったようだ。

シュムのＴＶ展は、基本的にフィルムによる放送用番組制作と同時に、臨時のギャラリーをＴＶ局のスタジオ内に開設し、番組をサポートすることであった。もちろん映画やＴＶの映像特性を踏まえた制作が各アーティストとシュムとの間で協働されたわけであるが、ＴＶは放送という民主化のメディアであり、ＴＶ局内部での新しい映像テクノロジーを考慮した実験的な映像制作の場としては考えられていなかったようである。しかしながら、少なくともアヴァンギャルドなアートの世界とＴＶをリンクすることができることを証明する機会となったことは確かであろう。ヴィデオへの展開も含め、シュムのパイオニア精神は、その後のアメリカやヨーロッパの新しいＴＶの動向に影響していった。ヨーロッパにおけるヴィデオの普及の時期の問題もあるが、同時期のアメリカにおけるＴＶ局でのアーティストの活動を次に見てみよう。

＊

ロックフェラー財団などの助成によって一九六七年から始まるボストン（WGBH）やサンフランシスコ（KQED）などの公共ＴＶ局（PBS）でのアーティスト・イン・レジデンス・プログラムやワークショップは、ＴＶ局のスタッフとアーティストが協働してＴＶメディアを探究する実験プロジェクトであった。WGBH での最初の成果は番組『メディアはメディア（The Medium is the Medium）』（1969）として放映された。パイクをはじめアメリカの第一世代のヴィデオ・アーティストが参加している。またTVにインタラクティヴな双方向性を導入しようと意図する番組もこの頃から行われている。スタン・バンダービーク（Stan Vanderbeek）によって企画された視聴者からの電話参加を呼びかけた『バイオレンス・ソナタ（Violence Sonata）』（1970）や電話からの音でビデオパターンを作り出したり変化させることができる番組（1971）がダグラス・デイビス（Douglas Davis）によって制作されている。その後、ニューヨークのWNETにおけるTVラボの設立（1974）など、ヴィデオ・アーティストたちにTV制作の機会が提供されたり、多様なジャンルのアーティストの参加も呼びかけられた。

七〇年代前半から画廊や美術館でのヴィデオ関連の展覧会が多く企画されるようになり、ヴィデオアートが認知されるとともに新しいTVの展開を模索するセミナーや会議も催されている。ヴィデオアートが一〇年の歴史を迎えようとする一九七四年に開かれたヴィデオ会議「オープン・サーキッツ（Open Circuits）――TVの未来についての国際会議」は、その代表的なものといえよう。この会議に基づいて出版された『The New Television』（1977）の巻頭論文「TVとアート：このありそうもない結びつきの歴史入門」の最後をこの本の編者でもあるアリソン・シモンズ（Allison Simmons）は、以下のように締めくくる[12]。

芸術はより大きなパブリックなメディアを見い出そうとし、テレビはスペクタクルというよりも印刷物に似たより小さなパーソナルな役割を求めて努力してきた。それぞれが他方を受け入れることによって、自らを発見することができるかどうか、なお検討せねばならない。

パーソナルでプライベートな領域としての芸術と、少なくとも組織上パブリックな領域としてのＴＶが収斂する方法の実践的な動きが加速していく。ヴィデオの急速なテクノロジーとしての発展と普及によって、アメリカでは一九七〇年代後半に多くのメディア・センターや非営利的なアーティスト・スペースが設立され、アーティストたちはＴＶ局に依存することなく自律的な制作活動を始めるようになる。

この頃、第二世代のヴィデオ・アーティストが成長する。まさにＴＶ世代のアーティストといえる作家たちであり、芸術のプライベートな要素とＴＶのパブリックな要素とのバランスをとる必要性を意識した制作が行われる。例えば、人気のあるＴＶ番組を引用するデラ・バーンバウム（Dara Birnbaum）やアーティストのための三〇秒コマーシャル・シリーズを制作したジョアン・ローグ（Joan Logue）、また八〇年代に入ってはロベール・カエン（Robert Cahen）のヴィデオ・ポストカードのシリーズをあげることができよう。ＴＶのもつ権力構造への挑戦やメディア批判を展開してきた初期ヴィデオアートのＴＶに対する姿勢はこのように、豊かな情報源としてＴＶ番組やＣＭの魅力的な形式やイメージを引用する傾向の出現により、両面価値的にその広がりを見せることになる。言い換えれば、ＴＶ言語の伝統への攻撃や視覚芸術のメディアとしての自己言及的な実験を行ってきたモダニズムの立場にあるヴィデオアートの方向性と、このモダニズムの立場と大衆文化のイメージや形式の融合を模索するヴィデオアートの方向性の共存、つまりポストモダンの状況をわれわれは見ることになる。

＊

ＴＶ局サイドのヴィデオアートに対する認識も一九八〇年代に入ると徐々に変化する。ここではイギリスのＴＶ番組におけるアートの取り扱いについて、芸術番組の在り方・捉え方の変遷から考えてみたい。特にBBC1、ITV、BBC2に継いで、一九八二年に四番目に開局した「チャンネル４（Channel4）」は、一九八〇年に放送条例として議会によって設立が決定され、その役割は明確に規定されていた。同局は形式的にも内容的にも番組の革新と実験が奨励され、伝統的な芸術との関係に対する挑戦が開始された。それはオルタナティブな活動を後押しすることによって、インデペンデントの制作会社に活性化をもたらし、ヴィデオアートを取り上げる機会も増大した。

インデペンデントのプロデューサーであるジョン・ウィーバー（John Wyver）によれば〈13〉、一九五八年に始まるBBCのアート・マガジン・シリーズ『Monitor』は、イギリスのアート番組のその後の在り方に大きな影響力をもち、〈モニタリズム（Monitorism）〉としてその伝統を支配してきたという。つまりアートとＴＶの関係は、演奏・上演・討論といった中継を基礎に、プロフィール／レクチャー／ドラマ化された伝記がその主要な三つの形式であった。そして芸術に対するフレームワークは、線形的な物語性への信頼であり、分析というよりもむしろ芸術家個人の感受性を好み、また知識の実証的コンセプトに基づいていた。この伝統を乗り越えるべく挑戦するものとして、自らも含めて「ポスト・モニタリスト（post-Monitorists）」と称している。チャンネル４開局以前から挑戦は行われているが、ヴィデオアートを紹介・探究したBBC2の『Arena』シリーズやBBC1の『Omunibus』シリーズがその典型的な番組としてあげられている。

チャンネル４におけるその主要な成果を以下にまとめてみると、例えばピナ・バウシュ（Pina Bausch）の場合、ダンスのストレートな中継ではなく、カメラのために演出されたものを撮影し、ポストプロダクションするといった、ＴＶのために再構成されたものが放映され、さらにＴＶのためのオリジナル作品へと発展していく。一九八〇年代、この傾向は欧米で「ダンス・ヴィデオ」といわれる映像ジャンルを形成する程になっていった。ピーター・グリーナウェイ（Peter Greenaway）の《Four American Composers》は、古典的なプロフィール形式からの逸脱に成功した作品のひとつである。また従来のアート・マガジン・シリーズに近い点もあるが、シリーズ『Alter Image』は、ナレーションやプレゼンターなしで多様な話題をミックスし、常にリスクを負う因習打破の姿勢をもち、ヴィデオ作品の導入も行った。シネマ・マガジン『Visions』は、インタビューや評論の在り方を革新し、構造映画などマイノリティーの映画も大いに取り上げている。レクチャーの伝統へのアンチテーゼとしては、ウィーバーは六回シリーズの『About Time』（ディレクター／マイケル・ディブ（Michael

Dibb)をあげて、創造的なメディアとしての映画の可能性を十分に探究する刺激的なドキュメンタリーであったと述べている。伝記に関しては、あまり顕著ではないとしながらも、ショーケース『Eleventh Hour』をあげている。三つの形式すべてにわたって古典的なドキュメンタリーの伝統に対するオルタナティブたろうとする自覚が映画制作の可能性を切り拓く重要な要因であり、一九七〇年代のインデペンデントの映画作家たちによる理論に導かれた挑戦が同化し始めたことを指摘する。そして他のイギリスの多くの文化メディアにいまだに存在する伝統的なハイ・アートがもつ支配力の減少と、判断基準として認めうる唯一の客観性といった考え方を緩和してきたと、その影響力をウィーバーは評価する。「高級芸術／大衆文化」といったモダニズムにおける対立的関係は、一九六〇年代末から不明瞭になっていたし、"high / low"や"public / private"の境界を越え、交差する関係を押し進める状況がインデペンデントの作家たちによる前衛的な手法や作品の導入を通じてTV界において促進されていった。

チャンネル4は自ら番組を制作せず、番組購入や番組の共同制作、共同出資の協定を国際的に展開し、映画やTV番組の出版社的存在(publisher)として作用しながら、多様な声の反映に貢献してきた。チャンネル4の芸術政策について、芸術担当編集委員のマイケル・クストー(Michael Kustow)は、次のように述べている[14]。

古いものと新しいものとの間、古典的なものと革新的なものとの間、また一般的に認められたパンテオンと挑発的な現在との間に、より活力ある豊かな関係性を絶えずわれわれは明らかにする必要がある。

これらの〈間〉の関係性は、まさにＴＶとアートのそれぞれの問題であり、ＴＶとアートの間の関係性でもある。アート番組をあらためて二極間のスペクトルに位置付けて考えると、一方は、コンサートなどの生中継のようにＴＶから独立した活動としてアートを取り扱うことが目的の番組。他方は、ＴＶのために特に構想されたフィルム／ヴィデオであり、それ自体で美的体験を提供できるＴＶアートが目的の番組。そして、その中間に、すでに存在する作品／ジャンル（例えばダンス）が映像としてＴＶに適用された番組ということになる。このスペクトルを〈アートＴＶからＴＶアート〉へのスペクトルと考えれば、われわれはこの中間スペクトルの探究にアートとＴＶの創造的融合の大きな可能性を見ることになる。チャンネル４は、この意味で世界の創造的なＴＶの象徴的存在として注目されていく。

＊

一九八〇年代後半になるとＴＶアートの状況は欧米で進展し、一九八七年にロサンゼルスの現代美術館とアムステルダムのステデリック美術館によって組織された国際的なビデオ展『ＴＶのための芸術（The Arts for Television）』がその動向を紹介している〈15〉。

作品は六つのカテゴリー（イメージ／ダンス／音楽／演劇／文学／ＴＶ）によって分類さ

れ、中間スペクトルにあたるダンス／音楽／演劇／文学が大きな割合を占めていた。ダンス・カテゴリーでは、一九七〇年代のマース・カニングハム（Merce Cunningham）とパイクやチャールズ・アトラス（Charles Atlas）との共同制作を始め、先に述べたダンス・ヴィデオを形成する作品が選ばれた。音楽のカテゴリーでは、欧米で〈ヴィデオ・オペラ〉といわれる新たなジャンルに属するロバート・アシュリー（Robert Ashuley）の《Perfect Lives》（1983）（ヴィデオ・アーティストのジョン・サンボーン（John Sanborn）との共作で、チャンネル4が制作費を出資）や《ステップス（Steps）》（1988）でアメリカの公共TV局（KTCA）とチャンネル4との共同制作を行うリプチンスキーによるジョン・レノンのMV《イマジン（Imagine）》（1987）などが含まれていた。演劇のカテゴリーは、ドラマ的なテクストの適用ではなく、ヴィデオグラフィックな時空間の創造をめざすものとして、ロバート・ウィルソン（Robert Wilson）やウースター・グループ（The Wooster Group）などの実験的な演劇の制作者による作品が選ばれている。プログラムには含まれていないが、電子的な特殊効果に基づいたテレビ言語を探究したフランスのジーン・クリストフ・アベルティーについて、カタログでは紹介されている。文学のカテゴリーでは、ピーター・グリーナウェイと画家のトム・フィリップス（Tom Phillips）との共同制作で後にチャンネル4でシリーズ化された《TVダンテ（A TV Dante）》のパイロット版（1985）が出品されている。

イメージのカテゴリーは、視覚芸術としてのヴィデオ作品をまとめたものであり、ゲリー・シュムの『ランド・アート』やビル・ヴィオラ、また中島興、河口洋一郎の作品が上映されている。ＴＶのカテゴリーは、ＴＶからの素材の再コンテクスト化やＴＶにまつわる様々な問題を扱った作品を集めたものであり、ヤン・ディベッツの《暖炉としてのＴＶ》、パイクの《グローバル・グルーヴ》(1973)、またデラ・バーンバウムや出光真子らの作品が含まれていた。

この展覧会からもアートとＴＶを結びつけようとする熱望を、アメリカのWNETやWGBH、イギリスのチャンネル４の活動などを通じて確認することができるが、一九八〇年代後半のアメリカにおけるこの種のアート番組の代表的なものにミネアポリスの公共ＴＶ局KTCA制作の『Alive from off center』をあげることができよう。またアメリカではＴＶ放送のための新しい作品制作をアーティストに委託するために、ボストンの現代芸術研究所（ICA）とWGBHのニューテレビジョン・ワークショップによるジョイント・ベンチャーとしてCAT（the Contemporary Art Television）基金が一九八三年に設立されている。国際的な共同制作や配給を促進するサポート組織である。イギリスではアンナ・リドリー（Anna Ridley）〈16〉やジョン・ウィーバー〈17〉といったチャンネル４で活躍する優れたインデペンデントのプロデューサーたちの存在に加え、公的な機関であるアーツ・カウンシル（芸術評議会）の努力によってもこの種のコラボレーションが促進されている。

＊

イギリスの芸術番組（アートＴＶ）の歴史をまとめたジョン・ウォーカー（John A.Walker）

は、一九九〇年代に入ってイギリスのアートTVにおける文化的規範に関する議論の中からピーター・ヨーク（Peter York）の興味ある見解を取り上げている[18]。

ヨークの予測によれば、一九八〇年代は〈ポッシュ・ポップ（posh pop）〉の時代（大衆文化についての粋な話し方）であり、一九九〇年代は〈ポップ・ポッシュ（pop posh）〉の時代（ハイ・アートのポピュラーな判断）になるだろうという。ヨークの考えを詳しく知ることはできないが、一九八〇年代という〈ポッシュ・ポップ〉の時代を象徴する存在は、むしろ一九八一年にアメリカで生まれたロックを中心とした音楽専門チャンネルMTVではなかろうか。アン・カプラン（E. Ann Kaplan）は、フレドリック・ジェームソン（Fredric Jameson）の論文「ポストモダニズムと消費社会」などをベースにしながらMTVのポストモダン性を検証している。カプランはその中で「十九世紀後半から二〇世紀半ばまでの西洋文化を支配した美的言説は、大衆的（popular）で現実主義的（realist）な商業的テクストと高級芸術（high art）のモダニストのテクストに二極分化し、同時にアヴァンギャルドでポピュラーなテクストを不可能にしていた。しかしながら、これが明らかに現在のMTVである」[19]と述べている。そして映画理論における対立した映画のカテゴリーである古典的なハリウッドのテクストとアヴァンギャルドのテクストを比較しながら、その両者の概念的な境界や対立項[20]が美的形式と批評的カテゴリーの両面でまさに混然一体となってMTVのポストモダンの形式を特徴づけていると指摘する。若者の大衆文化を代表するMTVがヴィデオ・アーティストに活躍の場を提供した経緯を思い起こせば、一九八〇年代を〈ポッシュ・ポップ〉

の時代と呼ぶことは容易に理解できよう。プロモーションのために制作されたその曲のビデオクリップを放送するという、短い時間単位の連続からなるMTVは、ＴＶの流れとしての時間構造を極端に均質化し、あらゆるイメージ素材を音楽の流れの中に浮遊させ、イメージの階層秩序を相対化していった。ここにヴィデオアートが培った美的戦略が有効な手段として合流したといえよう。それでは一九九〇年代〈ポップ・ポッシュ〉の時代はどうであろうか。ポップなＴＶを前提としたハイ・アートの展開という、まさに「ＴＶアートの時代」と解釈できないだろうか。ＴＶによるファイン・アートの仲介は、アートそのものから注意を引き離すほど、それ自体非常に魅力的なプロセスであり、自らがアートになろうと熱望する野心をもったアート番組の場合、アートとしてのＴＶ（television as art）が、ＴＶ上のアート（art on television）に取って代わることになる。ジョン・ウォーカーは、「おそらくＴＶが伝統的な芸術形式よりも劣るという考え方をやめ、アートのパンテオンにその場を置くことを許される時である」〈21〉とその著書を結論づけている。

通信衛星の登場以後、今やインターネットに代表される地球を覆うコンピュータ・ネットワークが新しいデジタル情報環境を構築しつつある。テレビそのものも進化しているが、われわれは「テレビが芸術形式になる時がきた」とマクルーハンのようにいえるだろうか〈22〉。一九八〇年代にパイクによって行われた「サテライト・アート」も「ＴＶアート」のひとつの形態といえるが、衛星やケーブルによって多チャンネル専門化へ展開するＴＶ産業を思えば、本格的な「ＴＶアート番組」あるいは「アート・チャンネル」がそろそろ日本にも存在すべきではなかろうか。

＊

一九九四年にベルリンのヴィデオ・フェスティバルである「VideoFest'94」に参加した時、カタログの中で「ドック・アート（Doc Art）」（ドイツ語ではDok）という言葉と出会った[23]。それまで聞いたことがない用語であった。ドキュメンタリー作品がジャーナリスティックな視点ではなく、よりパーソナルで美的な表現へとその重心がシフトし、「アート・ドキュメンタリー」として紹介されるようになったからであろうか。その後、機会あるごとに尋ねてみたが、ヨーロッパでは通じるが、アメリカではこの言葉は通じないようである。ドキュメンタリーとアートの合成語であることは明らかであるが、メディアの美的特性を色濃く反映するドキュメンタリー作品、詩的表現を多用するドキュメンタリー、あるいは現実世界に対する心理的社会的経験を作家の内的論理に従って展開するヴィデオ・エッセーを示しているといえよう。従来のいわゆるドキュメンタリー／ナラティブ／エクスペリメンタル／フィクションといったカテゴリーに当てはまらない作品も多く見受けられるように、ドキュメンタリーと他のカテゴリー間におけるその表現スタイルの融合の進展の結果とみることができるだろう。またその背景にはコストの問題も関連していて、短編映画の制作者たちがフィルムからヴィデオへ移行するのもそこにひとつの要因がある。さらには多様な視聴覚言語（メディア）を映画作家たちが修得したことによって、メディア・ミックスの状況が創出されてきたといえる。一九八〇年代から前衛的な映画作家たちによってメディア間のクロスオーバーの実験が行われてきた。例えばデレク・ジャーマン（Derek Jarman）、リプチンスキー、ゴダール（Jean-Luc Godard）らによるフィルムとヴィデオあるいはハイビジョンとの併用による制作プロセスにその典型を見ることができよう。MTVやＴＶゲームといった大衆文化の動向からも見てとれるように、コンピュータ編集／サンプリング／テレシネ・キネコ／デジタル画像処理などがその典型的な新しい導入技術であり、映像制作におけるデジタル化の波は、既存メディア間のイメージ交流をより容易なものにしたといえよう。今日のテクノロジー環境の中で、諸メディアの収斂（メディア・ミックス、マルチメディア化）を志向することに創造的なポテンシャルが存在し、これがジャンルを超える大きな動因となっている。つまり「ドック・アート」という言葉が生まれてくるのは、メディア環境の変化も影響しながら、ドキュメンタリーを基点とした映像表現におけるスタイル間の境界の溶解であり、またドキュメンタリーとアートの既存ジャンルがヴィデオアートの美的戦略の導入によって創造的に融合された状況を表したものではないかと思われる。「ドック・アート」は「ＴＶアート」と非常に近い関係にあるといえよう。

近年（一九九〇年代）、多くのフェスティバルにおいてヴィデオテープ作品の上映形態が、ヴィデオ・プロジェクターの高画質化とハイビジョン技術の進歩によって、モニターからスクリーン上映（large screen / large audience）に移行しつつある。ヴィデオもフィルムと同じ映像作品として同じ土俵で評価しようという姿勢の現れであろう。放送メディアの多様化やレンタルビデオの普及とともに、フィルムにとってもヴィデオとの受容形態の差が減少しつつある。またTVがもつパブリックな時間はヴィデオによってプライベートな時間に変換可能となった。このように各映像メディア間の受容特性の差異に着目する度合は少なくなった。それゆえに「ヴィデオアート／アートヴィデオ」という呼び方があまり使われなくなり、特にテープ作品に関しては、より広い意味で「クリエイティブなヴィデオ」という言い方に変わってきたように思われる。

ヴィデオ固有の特性を自己言及的に追求する〈内〉へ向かうベクトルから、〈外〉へ向かうベクトルへと方向転換する時、ドキュメンタリーの変革の流れと合流し、ドキュメンタリーが映像表現における主流となる契機となったと見ることができよう。もちろんエクスペリメンタルの時代を通過したという前提から生まれるそのスペクトルの拡がりが、ロシアの映画作家ソクーロフやアメリカのオルタナティブなヴィデオ活動家ジョン・アルパート（Jon Alpert）を「ドック・アート」という同じ枠の中で考えることを可能にしたといえよう。メディア特性を検証し前景化する時代から、拡張した戦略のレパートリーを駆使する映像表現の時代への移行、あるいはTVの規範を冒す危険な存在としてのヴィデオアートから、アート番組の脱構築を支援するヴィデオアートへ、つまりTV界においてアヴァンギャルドな美的実践を担うヴィデオアートの存在意義を認めるTVアートの時代への移行が期待される。いわゆるシングル・チャンネル（テープ作品）としての「ヴィデオアート」〈24〉は、今後「TVアート」とどのような関係をもつのか、われわれはさらに実践の中で検討せねばならない。

ヴィデオアートにおける時間現象についての一考察

［1994］

時間概念、時間知覚など時間に対する様々な捉え方や意識との関わり方が、ヴィデオアートの中心的なテーマとして考えられる。ここでは、ヴィデオというメディアを通じて創造され、また、意識化されてくる時間現象について、具体的に作品例をとりあげて考察する。

最初にヴィデオ・システムの主要な三つの装置であるカメラ・VTR・モニターを中心に、この三要素から派生する時間についての関係性を、ヴィデオに見る時間コントロールの問題として歴史的にそのテクノロジーの発達と共に考えてみると、一九五〇年代に始まるテレビ放送の特性が生中継にあるといわれてきたように、同じ技術的基盤に立つヴィデオにおいても〈カメラ－モニター〉の関係は、「現在性」「同時性」をその第一の特徴としてあげられる。現在進行形の「いま」を同時的に映像として見ることが可能となった。続くVTRの発明は、〈カメラ－VTR－モニター〉という繋がりの中で、流れてゆく現在を過去として記録し、現在の中で再生することを可能にした。つまり、〈VTR－モニター〉の関係は、「過去の現在化」を特性としてあげることができる。VTR自体は、現在を逐次、蓄積し過去を生み出していく装置であるともいえる。オープン・リールのVTRがヴィデオ・インスタレーションに用いられたように、VTR二台による遅延回路によって、「現在」と「少し前の現在」、つまり、「過去」を同時に見せることによって、「時間のズレ」を体験させる試みからも理解できると思われる。また、ヴィデオ・テープそのものが時間の担い手であり、遅延させられる時間は、テープの長さそのものに比例し、時間は客観的な物質として扱われている。同時にテープの線状性と時間の線形性のアナロジーもここから捉えられている。

一九六〇年代のポータパックの出現は、より個人的なメディアとして芸術家によるヴィデオの探究が始められる契機となった。しかしながら、映画において日常的なことであった編集操作は、一九七〇年代になるまでヴィデオでは正確に行うことは不可能であった。今日、エレクトロニクスの急速な発展は、電子編集機による正確な編集を可能とし、家庭用VTRにおいてもサーチ機能が付加されるほどに、正転・逆転を通じたスピード・コントロールによる再生機能をも可能にした。さらにコンピュータによる様々な制御を行うことは、これらの機能をいっそう洗練させるものといえる。常に「現在・いま」の中で生きている我々は、過ぎ去っていく「現在・いま」を過去として留め、「現在・いま」にいかして蘇らせるかに思考を凝らしてきたといえる。

今日、われわれは、ヴィデオというメディア自体がはらんだ時間性を基盤にして、メディアが捉えた時間性、メディアによって再構成され変換された時間性を、編集段階における新たな操作の可能性として探究すべき時期にあるといえる。そこで今回は、ヴィデオにおける時間制御への創造的操作を最も今日的な問題として作品化し続ける作家、ビル・ヴィオラの作品を通じて具体的に検討してみる。ここでは、特に作品集《The Reflecting Pool》(1977-80)から「Ancient of Days」(1979-80)を取り上げて考察する。ヴィオラの他の作品集である《Four songs》(1976-77)や《Chott el-Djerid》(1979)の中にも、編集による自然の連続的変化を取り扱った部分があるが、この「Ancient of Days」が最も編集プロセスと時間現象を意識してまとめられたものであると推測されるからである。

この作品は、音楽でいえば、それぞれがひとつの楽章にあたるといえる五つの部分から構成されている。

①緩やかに進行するズーム・アップの中で、テーブルと椅子が焼け朽ちた灰と小さな炎から逆転再生されてくる過程を扱っている。後半では、テーブルに火がつけられる前の状態(置時計、ティーポット、コーヒーカップがある)が再現されるが、ヴィオラ自身のカナヅチで打つ行為からもわかるように、途中から正転による再生に変わっている。それは、ズームの運動の中で巧みに逆転から正転へ乗り移っている【図9】。

②ワシントン・モニュメント(記念塔)を画面の中央に収めたもの。対象となったモニュメント自体が我々見る者に対して、すでにある歴史的時間の一時点を記憶として空間的に象徴化したものとして理解され、その凍結された時間が現在と共存しているといえる。周囲で常に流れる背景的世界である空・風・雲という自然は、永遠に続く変化そのものである。朝から夜へ、ある時間間隔で緩やかに移り変わっていく有様が雲の変化・光線の状態を通して観察される。その巧みな編集操作によって、自然の動きを前景化させている。

③ビルの欄干から下の街路を撮ったもの。カメラが下向きにほぼ一八〇度近く連続して回転(一種のティルト)する間に、ビルの谷間を車が流れる大通りの状態は、朝から夜へと

9　ビル・ヴィオラ「Ancient of Days」

10　ビル・ヴィオラ「Ancient of Days」

移り変わり、最終的に上下（天地）がさかさまになる［図10］。

以上の三つのセグメントの基礎となった手法をもとに、さらにもう一歩複合化した形のものを次の二つに見ることができる。

④高原の野原、その背景が雪山という風景を扱ったもの。前景は、日常の実時間（子供が遊んでいる）が進行するが、後景の山は、その姿態を緩やかに変様していく。最後は、画面全体が同じ映像を写し出している街中の電光表示盤に溶融し、ズーム・バックすると新宿の街が広がってくる。このシーンは、ヴィオラの作品集《Four Songs》の中にある「The Space between the Teeth」の最後のシーン、つまり、突然画面が一枚の写真に変わり、川へ落ちていくシーンとある共通したエンディングのパターンとして捉えることができる［図11］。

⑤花びんと振り子が鳴るアンチックな置時計がテーブルの上に置かれ、その背後の壁には額が掛けられている。④と同じように、テーブルを中心とした部屋の状況と、壁に掛かった額縁の中の風景とは前景と後景の関係にある。額縁の中の風景だけが別の時空を形成しており、徐々に変化していく［図12］。

これらの五つのセグメントに共通して用いられている手法は、短い時間間隔の断片をコンピュータ制御による編集操作よって連続的にクロスフェードさせるものといえよう。ここから生成される一連の新たな時間の連続性を、仮りにヴィオラにならって〝ヴィデオタイム(Video Time)〟と呼ぶとすれば、①②③はヴィデオタイムの習作であり、④⑤は共にひとつの映像空間としての画面内で、異質な二つの時間進行、つまり、リアルタイムとヴィデオタ

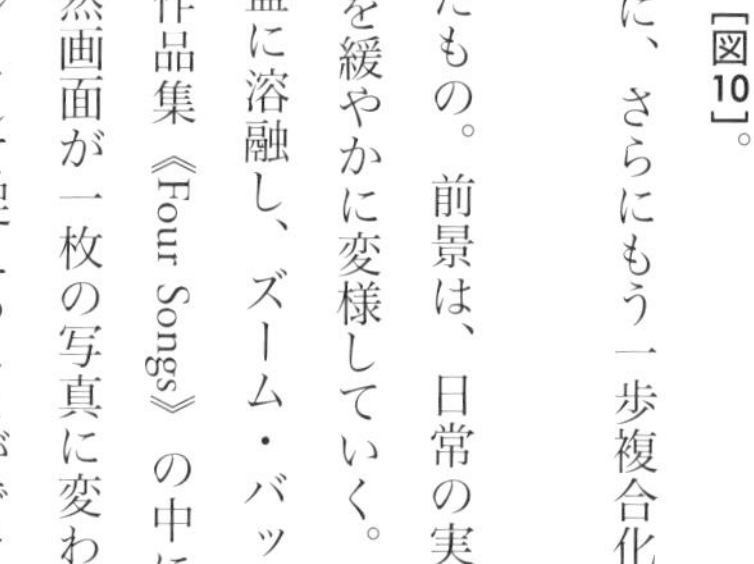

11 ビル・ヴィオラ「Ancient of Days」

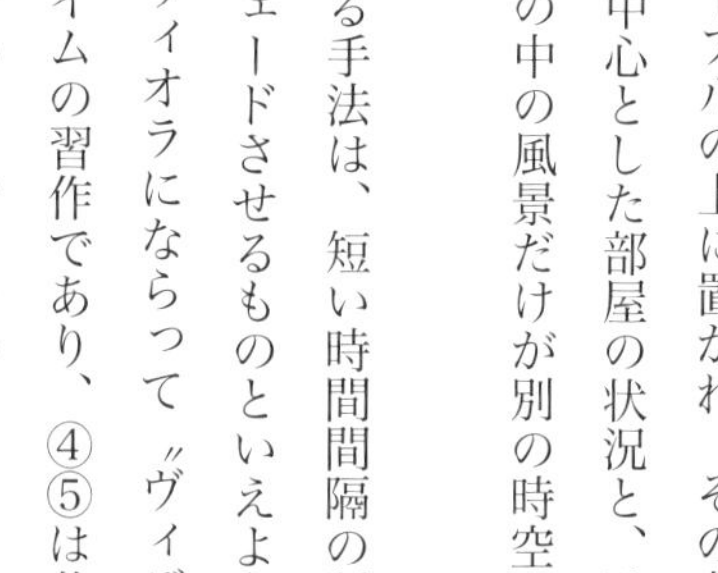

12 ビル・ヴィオラ「Ancient of Days」

イムが共存する時間進行の多数性・複層性を扱ったものとして捉えることができる。

ここでいうヴィデオタイムの生成プロセスを要約してみると、カメラ操作面では、常にある場所に固定させた同一空間を対象とし、カメラ自体の動きとしては、ズームあるいはティルトによる運動が用いられている。映像素材は、自然の周期的サイクルと不規則的変形を同一の撮影手続きに基づいて、時間帯をずらして繰り返し実行することにより収録されている。各セグメントの時間は、ひとつのパターンとしてのカメラ操作の実行時間、あるいは、自然の周期をひとつの枠として設定し、その時間枠の内で短い時間単位の素材が連続的にクロスフェードするように、コンピュータ制御の下に素材を流し込むといった編集・ミキシングであると推測される。ここにポスト・プロダクションとしての編集プロセスを中心とした制作プロセス自体が新たな時間性（時間意識）を生み出す在り方を見ることができる。

カメラを固定し、物や出来事の時間的推移を凝視する作品としては、実験映画の中にもいくつかの例がある。一方向に不可逆的に進行する変化・出来事を収めた、例えば、萩原朔美の《キリ》（1972）や《タイム》（1971）は、自然の漸進的変化の中で時が熟す過程を見るという表現を与えることができる作品である。また、マイケル・スノウの《WAVELENGTH（波長）》（1967）における四五分間の連続ズーム・アップは、ヴィオラの手法の原型といえそうである。

一方、音楽との関係からヴィオラ自身、インド音楽におけるドローン（drone）の使い方に着目している。ドローン音楽は、沈黙から出発する西洋音楽とは違って、音の場から始まる。それは、ある持続の上から音が引き出され、そこにある種の音楽的時間を生産するというスティーブ・ライヒ（Steve Reich）が主張する音楽にも似ている。現代音楽の作曲家であるライヒは、〝緩やかに移りゆくプロセスとしての音楽〟について、それが「砂時計を逆さに置き直し、砂が緩やかに下へ流れてゆく様子を見守る」ような体験。あるいは、「非常に緩やかに、徐々に移ってゆくプロセスを聴くことは、時計の長針の動きを目で追うことにも似ている。人は、しばらくの間、針を見詰めた後にはじめてそれが動いていることを知る。それほど緩やかな移りゆきなのである」と説明している〈25〉。ヴィオラは、ヴィデオ・カメラが音を収録するマイクへの近似性についても述べているように、ハード面のみならずソフト面からも現代音楽の影響を強く受けていることが理解できる。

また、ヴィデオの特性として「撮影の連続性」ということが指摘されるが、ヴィデオアートの初期の多くの作品が無編集であったのは、技術的な問題もあるが、正確なリアルタイムの時間経過・時間持続、そのプロセスの純粋性を保持するためであったからでもある。ヴィオラの作品は、「見るという行為の持続」という視点から一歩進めた時間の連続性への新たな態度を提起するものといえる。自然のサイクルという大きな時間的地平に、ある分節性をもたらすことによって、通常知覚しにくいその時間現象を積極的に映像として情報化しているといえる。

ナムジュン・パイクは、〈インプット・タイムとアウトプット・タイム〉の関係について「入力時間が骨の折れる編集プロセスによって随意に出力時間として拡張したり圧縮したりするこの変様は、まさにコンピュータの中枢処理装置自体にたとえられる我々の脳の機能であり、この編集プロセスは、脳の機能のシミュレーション以外の何物でもない」また、「ヴィデオアートは、自然をその外観とか拡がりにおいてではなく、その本質的な加齢（AGING）のプロセス（ある種の不可逆性）である〝時間構造（time-structure）〟を模倣する」とも述べている[26]。これは、まさにヴィデオアートが自然の時間構造の〝シミュラークル〟を形成するものであると言い換えることができる。ロラン・バルトの「構造主義的活動」によって示唆されたような、ある種の〝擬似構成物（simulacre）〟としてである。ある対象を再構成するところに構造主義的活動のねらいがあるのであり、模倣されたオブジェは、自然なオブジェの中では見えなかった何か、了解不能であった何かを知的操作によって出現させることになる。またアルフレッド・ノース・ホワイトヘッドが『科学的認識の基礎』の中で述べていることをふり返ってみると、彼は「自然の中における〈出来事〉それ自身の時空は、自然のひろがりと推移のなかに沈んでおり……われわれは、たんに〈共軛（congredient）〉によってそれを抽象的にとりだす」のであり、「人間の思惟は、自然をこえて抽象のはばをひろげることができるという特性をもつので、この特性によって……空間のイメージと時間のイメージ」をそれぞれ展開するができるようになると説明している[27]。この共軛関係によって、我々は自然における時間イメージを形成し抽象することになる。映像は自然とのアナロジックな関係を保持したままで、シミュラークルとして具体的な知覚のレベルで再構成され抽象化されたものとみなすができる。

ヴィオラの作品は、連続的な推移的関係を保持したままで抽象化する操作といえる〝クロスフェード〟を用いた編集・ミキシングという知的総合によって、ひとつの「構成された時間」を形成している。観客は、見るという行為において、この作品に「構成された時間」を、時間についてもつ原初的、始原的体験である「出現しつつある時間」として、「生きられる時間」として体験することになる。構成された時間である作品は、意識が時間をくり拡げ、構成するといった時間意識の発動を要請するような知覚体験のモデルを提供しているわけである。とりわけ、〝クロスフェード〟あるいは〝フェイディング〟の手法は、見るという行為の持続の中で、知覚的現在である〝いま〟それ自身が「……から……へ」の移行としての「拡がり」そのものを直接的に感覚的意識にうったえる効果をもつといえる。メルロ＝ポンティが「時間は線ではなく、指向性の網なのである」[28]というように、クロスフェードの連鎖は、ひとつの連続した持続性の中で、知覚的＝現在的な意識空間が時間的な〝厚み〟をもっていることを強く意識化する手法であるといえよう。

ヴィデオの画像は、常にラスターの光子（光の点列）の流れとして変化しており、映画においては、静止像の連続によるコマ構造ゆえに動き自体がイリュージョンであるのに対して、ヴィデオでは逆に静止像がイリュージョンである。ヴィデオは、常に持続的な変化・運動を技術的な前提としている。画面のディスプレイ・システムと、見るという行為における意識空間の様態をクロスフェイディングという手法が取りもつ関係は、持続そのものが差異化の運動であるという意味で、ヴィデオの特性と意識様態をある種のアナロジックな関係の中で考えさせる仕掛けであるともいえよう。

要約してみると、ヴィオラは、加齢のプロセスである自然の時間構造を、クロスフェイディングの連鎖による編集プロセスによって、新たなヴィデオタイムとして〝時間性に富んだ自然（時空）〟を映像空間の中で擬似的に作り出しているといえる。ここで生み出された構成された時間であるシミュラークルは、見るという行為（意識）の持続から生ずる加齢の体験を通して我々に生きられる時間として体験される。以上、ヴィオラの作品の分析を通じて、ヴィデオアート作品を考察してきたが、時間性に着目した知覚体験のモデルを提供するというその在り方に、今後のヴィデオアートにおけるポスト・プロダクションの可能性を見ることができるといえよう。

日本のヴィデオアート小史　［1994］

日本では一九六〇年代末からヴィデオを用いた実験は、実験映画作家・松本俊夫、美術家・山本圭吾などによりわずかではあるが、実践され始めていた。一九七一年にカナダ人ヴィデオ作家マイケル・ゴールドバーグ（Michael Goldberg）が来日し、オーガナイザーとしての役割を果たすことで、一九七二年、様々なジャンルの芸術家たちが参加したグループ

「ビデオひろば」が東京で結成された。その成果は『ビデオ・コミュニケーション：DO IT YOURSELF kit』展として発表される。日本のオールタナティブとしてのヴィデオ運動・ヴィデオアートの実質的な出発点といえよう。パーソナル・コミュニケーションの手段にはじまり、イベント、あるいはパフォーマンスのドキュメント、ゲーム的なもの、オブジェ、あるいはインスタレーション、コンセプチュアルなもの、そして新しい電子映像表現など、それまでの各作家の活動分野の延長上でビデオの可能性が試された。松本俊夫、山本圭吾、中谷芙二子、山口勝弘、かわなかのぶひろ、飯村隆彦、小林はくどう、中島興、中井恒夫、今井祝雄などが日本のヴィデオアートの〝第一世代〟の代表的な作家といえよう。同じ頃、関西でも松本正司、今井祝雄らが参加した『映像表現』展などにおいて現代美術の作家たちによって行われたヴィデオによる実験映像の探求を忘れることはできない。

一九七八年に日本初のヴィデオ国際会議として開かれた『第十回東京国際ビデオアート展 TOKYO 78』は、一九八〇年代日本のヴィデオアートを推進する重要な機会であった。特にヴィデオカメラでピアノを弾くナムジュン・パイクとヴィデオプロジェクターを用いたビル・ヴィオラの瞑想的なヴィデオ・パフォーマンスは、当時学生であった私自身も強く印象に残った作品である。翌一九七九年、日本ビクターによって初のヴィデオ公募展『第一回東京ビデオフェスティバル』が開催された。ホームビデオ、ドキュメンタリー、アート・ヴィデオが混在した状況でのコンペティションであった[29]。

一九八〇年、「ビデオひろば」のメンバーであった中谷芙二子によって設立された「ビデオギャラリーSCAN」は、日本のヴィデオアートの〝第二世代〟が成長する重要な拠点となった。毎年開催された『新作コンペ』展は、若い作家たちの重要な発表の場であり、〝ヴィデオアーティスト〟への登竜門であった。一九八〇年代前半においては、実験映画は「イメージフォーラム」、ヴィデオアートは「SCAN」が映像作家をめざす若者たちの目標の場となった。世界的にヴィデオアートの展覧会が活発に開催されるようになった一九八〇年代中頃、SCANは欧米で日本のヴィデオ作品を紹介する窓口的存在となった。特に一九八四年には、『ベニス・ビエンナーレ』、カナダの『VIDEO84』、アメリカの『AFIナショナル・ヴィデオ・フェスティバル』といった代表的なヴィデオアートの国際展で日本のヴィデオ作品を紹介することになる。SCANの新作コンペで活躍した代表的な作家は、島野義孝、斎藤信、寺井弘典、ビル・ヴィオラの技術的なサポートをしたソニーのエンジニア篠原康雄、東京以外では愛知県豊橋の永田修などであり、パフォーマンス・編集・映像合成などヴィデオに固有の様々な映像表現が探究された。一方、一九八〇年代始めに日常生活の新しいコミュニケーション手段としてユニークなヴィデオレターが詩人の谷川俊太郎と劇作家の寺山修司によって制作されている。

一九八三年、東京の駒井画廊で開かれた『新世代のビデオアート展83』を契機に、第二世代の作家を中心としたヴィデオ作家集団「ビデオカクテル」が組織され、作家主体による企画展が一九八六年まで毎年開かれた。実験映画からのキャリアをもつ中井恒夫と美術家の今井祝雄以外は、ほとんどがヴィデオによって作家活動を始めた作家であり、上記の篠原、島野、斎藤、寺井、また藤幡正樹、黒塚直子、櫻井宏哉、川口真央、原田大三郎（Radical TV）、そして私を含むSCANで活動してきた作家たちが多く参加した。一九八七年からヴィデオの一般公募部門を設置した『イメージフォーラム・フェスティバル』が始まり、SCANは『ビデオ・テレビジョン・フェスティバル』として新たな企画展を主催する。この頃、ヴィジュアル・ブレインズ（Visual Brains）（風間正＋大津はつね）、田旗浩一、山本信一などが先端の映像処理を駆使しながら社会問題を踏まえた作品を発表する。一方、女性映像作家として独自な活動を展開する出光真子は、演劇的形態を取り入れながら女性心理をイメージ内イメージとしてモニターを巧みに利用した連作を、またドイツで活動していた緒方篤は、スローモーションを特徴とする内省的作品を発表する。

一九八〇年代後半以降、東京以外では『ふくい国際ビデオビエンナーレ』『名古屋国際ビエンナーレARTEC』がヴィデオアート関連のフェスティバルとして継続された。また大学など教育機関における映像教育の拡がりと共に、学生作品の交流や若手作家育成の意味で『ふくい国際青年メディアアート・フェスティバル』や『インターカレッジ・テクノアート・ワークス』が開催されている(共にテープ作品の学校推薦制)〈30〉。このような状況の中から〝第三世代〟の作家たちが輩出された。特に一九九〇年代に入って関西圏での美術系大学の増加と共に関西における若手作家の活躍が目立ち、なかでもノイズ処理に特徴をもつ前田真二郎はその代表的存在となった。また同時に女性作家も数多く台頭している。

ヴィデオアートの今後の展開には多くの課題を残している。インスタレーション作品についてあまり触れることはできないが、機材の調達、スペースの問題など、テープ作品と比較して予算的にも負担が大きく、作品発表の機会も増えない状況にある。岩井俊雄のようなインタラクティヴな要素を含むメディアアートとしての映像の在り方、ダムタイムのようなインスタレーションとパフォーマンスの複合形態の中での映像の在り方など、今後より射程の広い関心の中でマルチなヴィデオの展開を考える必要があろう。ヴィデオアートを支える状況はどうであろうか。いまだに美術館では映像担当の学芸員は少なく、一九八〇年代中頃からテープ作品のコレクションが行われるようになったが、まだ限られた数の美術館であり、欧米に比較して映像作品への対応は依然遅れている。さらに制作資金等の助成制度がほとんど存在しないことや、ポストプロダクションのためのメディアセンター的な施設が非常に少ないため、大学など教育機関への依存度が高く、若手作家の継続的活動に大きな障害となっている。ＴＶとの関係では、欧米の「ＴＶアート番組」の存在が一九八〇年代前半から伝えられているが、日本のＴＶでヴィデオアート作品が放映される機会は、通常ほとんどないといえよう。一九八〇年代後半から一部のケーブル・チャンネルや NHK の衛星放送（『映像美術ショーケース』として一九九二年春から一年間、不定期の番組として実験映画とヴィデオアート作品を放映）などで稀に番組化された程度である。〝アート・チャンネル〟を望む声は、一九九二年 SCAN を中心に東京（『ビデオ・テレビジョン・フェスティバル』）で、そして京都（『アート・ジャパン・シンポジウム』）で開催されたシンポジウムでも同じ趣旨の動きとしてあった。徐々にではあるとしても、ヴィデオアートを取り巻く環境が好転することを願うものである〈31〉。

[注]

1 Lev Manovich, *The Language of New Media* (The MIT Press, 2001), p. 158.（マノヴィッチ『ニューメディアの言語』堀潤之訳、みすず書房、二〇一三年。）

2 Dieter Daniels and Stephan Berg (eds.), *Video Theories: A Transdisciplinary Reader*, (Bloomsbury Academic, 2022), p. 504.

3 Ibid., pp. 504-505.

4 C（カセット）とT（テープ）の違いは、日本ではあまり意識されなかったが、VCRよりはVTRが一般的に使用されてきたように思われる。

5 私は一九八四年に日本を巡回した国際ヴィデオ展『第二の環——八〇年代ビデオの視点』のカタログの中（カール・ローフラーの論文）で初めて「テレビアート」という言葉を知った。

6 一九九一年にフランスでアンヌ＝マリー・デュゲの企画でアベルティーの回顧展が開催されている。パリのヴィデオテークにていくつかの作品を見ることができる。コヴァックスについては、一九八六年に放送博物館で回顧展が開催されているし、アメリカのPBSネットで彼のドキュメンタリー番組が制作されている。

7 cf. John Minkowsky, "An Intimate Vacuum: Ernie Kovacs in the Aura of Video Art", in *The Vision of Ernie Kovacs* (The Museum of Broadcasting, 1986), pp. 35-47.

8 cf. Dorine Mignot, "Gerry Schum – a pioneer", in Gerry Schum (exhibition catalogue, Stedelijk Museum, Amsterdam, 1979), pp. 67-72.

9 Ibid., p. 68.

10 Ursula Wevers, "The television gallery: the idea and how it failed", in Gerry Schum, p. 77.

11 Dorine Mignot, op. cit., p. 69.

12 Allison Simmons, "Television and Art: A Historical Primer for an Improbable Alliance", in Douglas Davis and Allison Simmons (ed.), *The New Television* (The MIT Press, 1977), p. 15.

13 cf. John Wyver, "Post Monitorism: Channel 4's Challenging to British Television's Traditional Relationship with the Arts" (1986), in *The Arts on Britain's Channel 4: Extending the Medium Seminar at the Museum of Broadcasting*

(The Museum of Broadcasting, 1987), pp. 63-91.

14 Ibid., p. 82.

15 cf. The Arts for Television (The Museum of Contemporary Art, Los Angeles and the Stedelijk Museum, Amsterdam, 1987).

16 『Dadarama』（チャンネル４、1985）シリーズなどを制作したリドリーは、長年の BBC での経験から、ＴＶ局によってアーティストに課せられる制約をよく自覚していたので、作品のスタイルや制作施設へのアクセスなど、できるだけアーティストのアイデアが十分実現できるように交渉努力している。

17 ジャーナリストからプロデューサーになったジョン・ウィーバーは、ショーケース『Ghosts in the Machine』（チャンネル４、1986/88）などによって、アーカイブからの過去のヴィデオアート作品や新たな委嘱作品など国際的にアーティストの作品紹介に尽力している。

18 cf. John A. Walker, *ARTS TV: A history of arts television in Britain* (John Libbey & Company Ltd, 1993), pp. 185-190.

19 E. Ann Kaplan, *Rocking Around the Clock: MUSIC TELEVISION, POSTMODERNISM, AND COSUMER CULTURE* (Methuen, 1987), p. 40.

20 Ibid., p. 41.:「古典的テクスト／アヴァンギャルドのテクスト」の順序関係で、以下のような対立項をあげている。現実主義／非現実的；物語／反物語的；歴史／ディスクール（バンベニストの意味で）；イデオロギーとの連係／支配的なイデオロギーとの決裂。

21 John A. Walker, op. cit., p. 220.

22 cf. マーシャル・マクルーハン「ＴＶとは何か」、マーシャル・マクルーハン／エドマンド・カーペンター編著『マクルーハン理論』大前正臣・後藤和彦訳、サイマル出版会、一六六七年、九八頁。

23 cf. VideoFest '94 (MEDIOPOLIS Berlin e.V.), p. 90. cf.『第六回ふくい国際ビデオ・ビエンナーレ』（1995）においてテープ作品プログラムの特集のテーマとなった。

24 ヴィデオ・インスタレーションやヴィデオ・パフォーマンスは、メディア・インスタレーション、メディア・パフォーマンスへと発展し、「メディアアート」という枠組みで考えた方がより適切な状況となりつつある。

25 Steve Reich, "Music as a Gradual Process", *Writings about Music.*（「緩やかに移りゆくプロセスとしての音楽」近藤譲訳、エピステーメー、一九七八年十一月号、三六〜三九頁。）

26 Nam June Paik, "Input-Time and Output-Time", *Video Art an Anthology* (Harcourt Brace Jovanovich, 1976) p. 98.

27 ホワイトヘッド『科学的認識の基礎』藤川吉美訳、理想社、一九七〇年、一五三頁。

28 メルロ＝ポンティ『知覚の現象学２』竹内芳郎・木田元・宮本忠雄訳、みすず書房、一九七四年、三一五頁。

29 私のヴィデオ作品《watching/zooming/drawing》(1979)は、佳作として入賞し、上映展示された。

30 現在ではこの種の学校推薦制による映像作品のコンペ・フェスティバルは、関東では存在しないが、関西では BBCC、BACA-JA、そして ISCA として、スポンサーを変えながら継続されている。

31 その後のデジタル革命によって、制作環境はコンピュータベースとなり、インターネットの発展とともに装置のパーソナル化が進行した。「ヴィデオアート」という言葉も消滅したかのような状況であり、ジャンルとしては「メディアアート」の中に包括されたような状態といえよう。

〔付記〕

本章のうち以下の節はそれぞれ、以下に発表した小論を加筆修正したものである。

「アートとテレビ――テレビジョン・アートをめぐる諸相」:『映像学』日本映像学会編、第五七号、一九九六年。

「日本のビデオアート小史」:カタログ『日本実験映像四〇年史』イメージフォーラム、一九九四年。

第四章　デジタル時代の映像論

デジタル時代の映像論を求めて
──レフ・マノヴィッチの『ニューメディアの言語』を手掛かりに　[2002]

宮崎駿の作品《千と千尋の神隠し》（2001）が二〇〇二年のベルリン映画祭でグランプリにあたる金熊賞を受賞した。この種の映画祭でアニメーション作品が受賞するのは異例である。実写の長編映画がいままで選ばれてきたわけであるが、映画の誕生から一世紀あまり過ぎた二一世紀初頭の今日、これが映画映像史におけるひとつの歴史的な転機となる出来事として記憶されるかもしれない。一般的には「アニメ」が「長編映画作品」と同列に認められ評価されたと理解されているが、デジタル時代を迎えた今日において、将来、映画映像史を振り返る時、アニメーションと映画の関係が再考される契機となった機会として認識されるかもしれないからである。

デジタル映画

ロシア人でメディアアートの作家・理論家であるレフ・マノヴィッチは、著書『ニューメディアの言語（The Language of New Media）』（2001）の中でデジタル時代の映像論ともいえる内容を展開している。「ニューメディア」という言葉は、日本ではメーカー主導のある特定の機器を想定した一九八〇年代型のニューメディア論の影響もあり古臭い印象を受けるが、ここで用いられている「ニューメディア」は、コンピュータ・ベースのメディアデザイン／メディアアートの多様なジャンルや作品群を前提とする、デジタル時代の広範な状況を意味している。マノヴィッチは、一九二〇年代ロシアの前衛的ドキュメンタリー映画であるジガ・ヴェルトフの《カメラを持った男（Man with a Movie Camera）》（1929）【図1】をこの本のキー作品と位置付けて論を展開する。デジタル革命がもたらす多様なニューメディア／ニュージャンルと映像言語の相互影響関係を検証する上でこの作品が重要な役割を担っているとマノヴィッチは考えている。ここでは、デジタル化、コンピュータ化がもたらす映像表現への影響を中心にマノヴィッチの興味深い見方を取り上げてみたい。

マノヴィッチは、「デジタル映画制作の定義」を以下のように定式化する〈1〉。

デジタル映画（film）＝実写素材＋絵画＋画像処理＋画像合成＋2Dコンピュータ・アニメーション＋3Dコンピュータ・アニメーション

このような定式表現は一九一〇年代にイタリアで発表された未来派映画宣言の中で見られる形式にならったものと思われる。この中の「実写素材」が一般的に商業映画の中心的な素材となっているが、ここでは構成要素のひとつであり、いったんコンピュータに入力されデジタル化（ピクセル化）されれば、あとは自由に造形的にデジタル処理される静止画素材となる。映画前史における記録メディアとしての写真や、それ以前の絵画やグラフィックと

1 ジガ・ヴェルトフ《カメラを持った男》（1929）

いった手描きや印刷されたものがアニメーション技術の上で統合されてきた。デジタル時代の映画は、基本的に動画像（moving image）技術を軸に再構成されることになるといえよう。その後、先の定義はマノヴィッチ自身のホームページ上で以下のように修正されている[2]。

デジタル映画（cinema）＝実写の合成＋画像処理＋2Dアニメーション＋3Dアニメーション＋タイポグラフィー

絵画と画像合成が「画像処理」と「実写の合成」に含まれ、2Dと3Dアニメーションに「コンピュータ」をあえて冠する必要性がないとしたこと、そして新たに「タイポグラフィー」が加えられたことが修正点である。他の箇所で「タイポグラフィー映画（typographic cinema）」という用語をマノヴィッチは使っているが[3]、日本でも一般化してきた、いわゆる「モーション・グラフィックス（motion graphics）」を考慮したものであろう。またロシア構成主義のデザインからの影響を受けたヴェルトフが映画の中の字幕に注目し、モンタージュ要素としての字幕・文字表現の時間化と組織化に関心をもっていることをマノヴィッチが考慮したものとも推測できる[4]。

ハイブリッドな映画言語

映画の誕生といわれる一八九五年のリュミエール兄弟による「シネマトグラフ」の発明は、

その前史におけるアニメーション技術を周縁化し、カメラによって得られた実写素材を中心に映像表現されてきた。しかしながら二〇世紀末からコンピュータ・グラフィックスによる特殊効果（SFX）などの使用とともにアニメーション技術との融合が進み、コンピュータが映像制作メディアでもあるとの認識が拡がった以降は、アニメーションの概念がデジタル表現的には従来の（実写中心の）映画を包括する概念へと変貌し、実写映画がアニメーション（動画像文化）の特殊なケースのひとつとみなされることになる。このようにして、マノヴィッチによるデジタル映画の定義が成立することになる。

十九世紀の写真の発明はやがて連続写真を生み、さらにシネマトグラフとして動画像の映画へと展開し、二〇世紀末のデジタル革命によって、映画は再び一連の静止画像（絵画的なもの）の連続表現として二一世紀の新たなアニメーション概念へと審級するといえよう。映画的なもの・絵画的なもの・グラフィカルなものを組み合わせたハイブリッドな映像表現は、レジェ（Fernand Léger）など一九二〇年代のヨーロッパ前衛映画の時代から今日のゴダール[5]までその流れを確認できる。コンピュータによるデジタル化がすべての要素を一元的に処理可能にしたことが、その流れを明確に方向づけたといえよう。

マノヴィッチは、「絵画としてのデジタル・シネマ」について、従来のフィルムベースのアナログな映画制作からデジタル映画制作へのシフトと、ルネッサンス初期におけるフレスコやテンペラから油彩画へのシフトによってイメージの修正などが限られていた状況から大きく自由度を増大させることになったその進展とにアナロジーを見ている。撮影方法においては、コンピュータ内の３Ｄヴァーチャル空間でのコンピュータ・アニメーション表現は、現実空間におけるカメラの移動撮影とは異なり、仮想の視点移動として自由度を飛躍的に増大させる。

アヴァンギャルドの美的戦略としてのコラージュ表現は、コンピュータにおいてイメージの「カット・アンド・ペースト」やレイヤー構造などのインターフェイスとして具体化されていること、またデジタル・データがその性質としてもつ変わりやすさ（mutability）から、映画を絵画の特殊なひとつの領域（時間上の絵画）であるとマノヴィッチは解釈する。ここでヴェルトフの「kino-eye（映画眼）」の概念を参照しながら、マノヴィッチは新たに「kino-brush（映画筆）」という造語を提示する〈6〉。デジタル映画における、イメージの手技的な構築作業が果たす大きな役割の意味を「筆」の語に込めていると思われるが、前映画的な動画像技術への回帰を示唆するものといえる。カメラ撮影を中心とする映画的リアリズムが支配するモードはひとつのオプションとなり、アニメーションや特殊効果が周縁的存在から中心的位置に戻り、近代の動画像文化がデジタル技術の上で再び探究され始めることを意味するといえよう。

新しい知覚を創造し拡張する機械としてのカメラから、ポスト・プロダクションにおけるデジタル・データとしてのイメージ操作への視点の転換である。マノヴィッチは、映画のイリュージョニズムとグラフィック・コラージュの美学が統合した新しいハイブリッドな言語が探究される必要性を説き、近代の映画技術と十九世紀の動画像のプレゼンテーション技術の融合を意味する「シネグラトグラフィー（cinegratography）」という造語でそれを表現する[7]。小さい画面／短いループ構造／個別視聴といった共通点をあげて、一八九一年のエジソンによるキネトスコープの導入と一九九一年のクイックタイム（QuickTime）・ムービーの導入を対応させる。またリュミエール兄弟による大きなスクリーン上映と一九九五年から可能となる動画像のコンピュータ画面へのフルスクリーン表示との間にパラレルな現象を読み取り、今日のインタラクティヴ・ムービーやデジタル・シネマの新たな言語の始まりを確認する。マノヴィッチは、ここでループ（Loop）構造に着目する。コンピュータ・ベースのマルチメディア・ソフト一般にいえることであるが、物語（narrative）を動かすエンジンとして「ループ構造」にコンピュータ時代にふさわしい新しい時間の美学の可能性を見ている。具体的な作品としてアナログ時代のオプティカル・プリンターを使って制作されたフィルム作品《Tango》（1982）【図2】をその例にあげている。ポーランド出身の映像作家ズビグニュー・リプチンスキーによる実験的な実写のアニメーション作品である。同一空間内で多様な行為が繰り返され積層していく構造のリニアな映像作品である。一方、ノンリニアでインタラクティヴなCD-ROM作品として、フランスのボワシエ（Jean-Louis Boissier）の《Flora petrinslaris》（1993）をあげている。

以下では、デジタル時代の映像表現を志向する上で興味深い「空間のモンタージュ」と「データベース映画」について、マノヴィッチの考え方に着目してみたい。

2　ズビグニュー・リプチンスキー『Tango』（1982）

空間のモンタージュ

オールドメディアとしての映画におけるショットとショットを繋ぐ「モンタージュ」に対して、ニューメディアとしての映画映像では、ショット内のモンタージュといえる「空間のモンタージュ」がその重要性を増す（「時間上のコラージュ」ともいえよう）。多様な要素をつなぎめのない全体、ひとつのゲシュタルトとしてブレンドすることをねらう連続性の美学がデジタル合成表現における特徴となる。特に編集ソフトのインターフェイス[8]からも認識できるように、空間的次元が合成作業として特化される。コンピュータ画面のマルチ・タスク／マルチ・ウィンドウや同時に多数の視聴覚情報の流れを並置する最近の画面の状況からも想像できるが、通時的（diacronic）次元が共時的（syncronic）次元に、時間が空間に優勢であった状態から両者が等価な状態へシフトするのがニューメディアとしての映像の特徴といえる。空間のモンタージュの可能性が例外的に探究された例として、一九二〇年代のアベル・ガンスの《ナポレオン》(三面マルチスクリーンを使用、1927)やヴェルトフの《カメラを持った男》（1929）、そして一九六〇年代のアンディ・ウォーホルの初期作品やマイケル・スノウの《WAVELENGTH（波長）》（1968）などをあげている。

映像合成は単なる技術的な操作ではなく、コンセプチュアルな操作であり、デジタル映像合成の新しい美的可能性の基礎として、二種類の空間のモンタージュの概念をマノヴィッチは導入する[9]。ひとつは「存在論的モンタージュ（ontological montage）」であり、同じ時空間に存在論的に両立しえない要素の共存を可能にする合成表現として定義する。リプチンスキーの《Tango》（1982）と《Steps》（1987）を例にあげている。《Steps》［図3］は、エイゼンシュテインの映画《戦艦ポチョムキン》（1925）のオデッサの階段のシークエンスへ現代の観光客が訪問するという設定の作品である。スタジオのブルーバックのクロマキー合成という舞台裏的メーキングシーンからスタートする、フィルム、ヴィデオ、コンピュータといった三世代のフェイク・テクノロジーの結びつきを示す作品である。また一貫したパースペクティブの中で二つのリアリティを整合させるためにデジタル合成を使うロシアの作家オルガ・トブレルツ（Olga Tobreluts）も例にあげている。もうひとつは「様式のモンタージュ（stylistic montage）」である。七〇年代に始まるアナログからデジタルへの移行・交替の過程の中で、コンピュータが様式的に多様な要素・フォーマットの出会いの場となり、特に九〇年代に表面化する様々な世代のメディア・フォーマットの混在する合成イメージを意味する。例えば、ロバート・ゼメキス（Robert Zemeckis）の映画《フォレスト・ガンプ》（1994）もあげられるが、チェコの映像作家カレル・ゼマン（Karel Zeman）の作品〈10〉における実写とエッチングとミニチュアなどの要素が一貫したパースペクティブの空間を保ちながら、一緒にレイヤー合成される表現のように、グラフィックの要素と実写の要素が同じ比率でブレンドされる点が説明される。長編映画制作の論理をアニメーションの論理に従属させる在り方をマノヴィッチは指摘する。

　一九二〇年代のアヴァンギャルドなどのモダニストによるコラージュとハリウッドの映画的リアリズムとの中間領域がデジタル映像合成の助けによって探究できるようになった新し

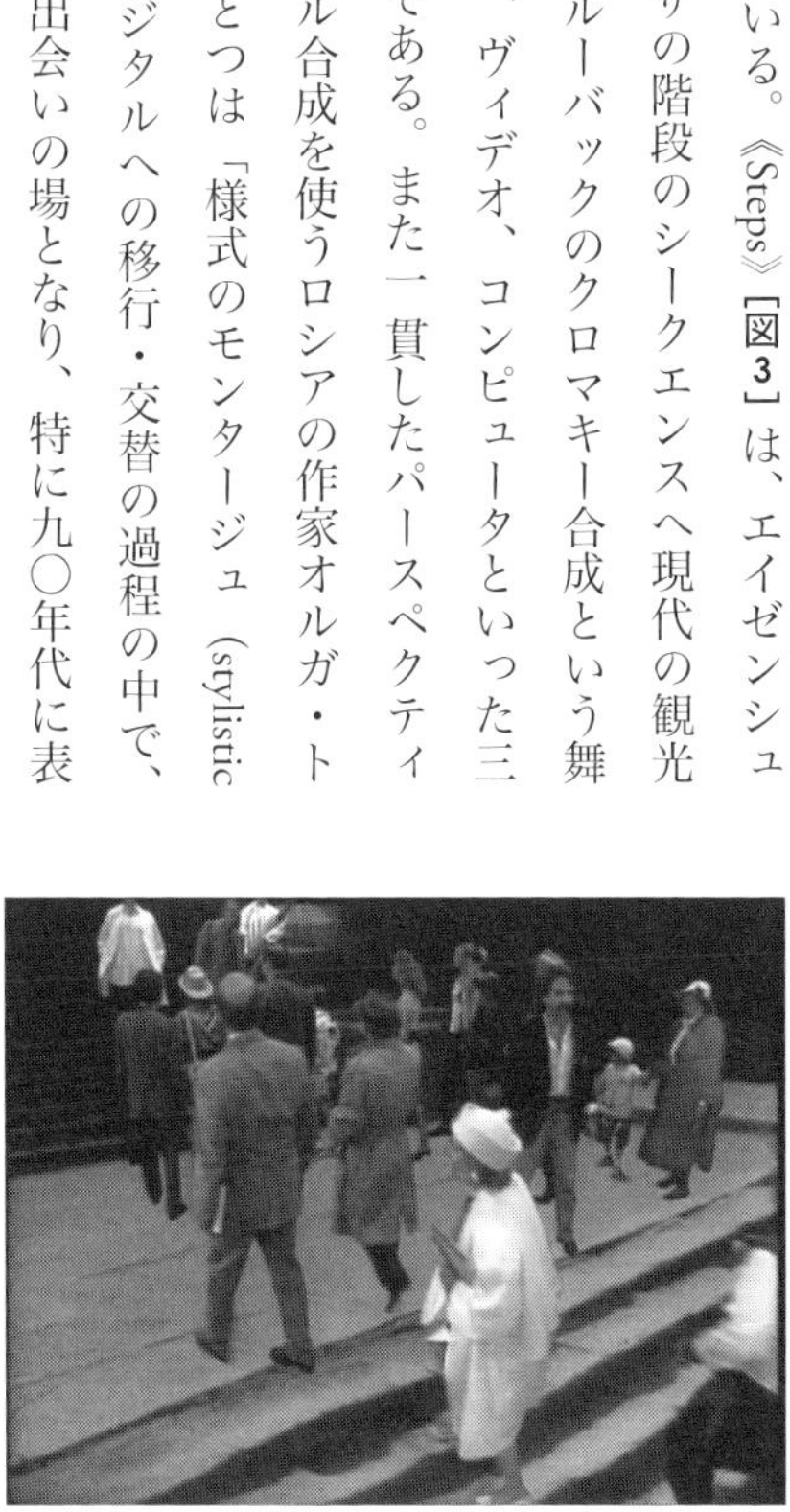

3　ズビグニュー・リプチンスキー『Steps』（1987）

い創造的空間であるとマノヴィッチは主張する。

データベース映画

近代の象徴的形式が「リニアなパースペクティブ」であるのに対して、われわれ自身の経験、世界の経験を構造化する新しい方法である「データベース」をコンピュータ時代の象徴的形式とマノヴィッチはみなす。つまりニューメディアにおける制作は「あるデータベースへのインターフェイスの構築である」〈11〉と解釈される。

ここでのニューメディアの解釈では、作品の内容とインターフェイスは分離され、それゆえに同じ素材に対して異なったインターフェイスを作ることが可能となり、これらのインターフェイスは、同じ内容の異なるバージョン（作品）を表すことになる。

マノヴィッチは、データベースとナラティヴの交差点に存在する映画を「データベース映画」と呼び、ピーター・グリーナウェイとジガ・ヴェルトフの作品を例にあげて説明する。グリーナウェイのデータベースの論理は、一九八〇年代の映像作品（例えば《ザ・フォールズ（The Falls）》（1980）など）から出発し、「映画を映画の外へ連れ出そうとする欲望」〈12〉の現れとして九〇年代のインスタレーション作品へと展開される。そして最も重要なデータベースのイマジネーションの例としてあげるヴェルトフの《カメラを持った男》についてマノヴィッチは、この作品を自らの理論の組み立ての中心に設定し、ニューメディアとオールドメディアの歴史的な連続性を強調し、多くのニューメディアの原理を映画のようなオールドメディアの中にいかに見出すことができるかを示すために、そしてニューメディアにおけるアヴァンギャルドの可能性を前景化するためにこの作品に着目する。

映画の編集作業は、データベースからひとつの道筋を生み出すことへのたとえとして解釈され、データベースのリニアな出力、つまりパラディグム（範列関係）がサンタグム（連辞関係）に投影される状態といえよう。《カメラを持った男》は、具体的にはロシアの都市を記録したシーンをもとに一日の進行（朝から夜へ）に従って配置された映画（テクスト）であるが、撮影するカメラマンのストーリーと劇場で完成した映画を見る観客の光景が「メタテクスト」として位置付けられている[13]。テクストと二つのメタテクストとの間の往復運動として作品が展開するわけである。

マノヴィッチは、以下のようにこの作品を解釈する[14]。

《カメラを持った男》は、一九二〇年代の都市生活のデータベース、映画技術のデータベース、また視覚的認識論の新しい操作のデータベースであるだけでなく、物理的な空間を通じた単純な人間のナビゲーションを超えることをねらった新しいインターフェイスの操作のデータベースでもある。

ここで扱うデータは、コンピュータの中にデジタル化された現実のデータではなく、生の可視的な現実である。映画のカメラが人間の視覚の限界を克服しようと様々な方法を試みる

「映画眼インターフェイス（kino-eye interface）」によって表現されているといえよう。

一九六〇年代からコンピュータ・アートは、様々な視覚的要素の組み合わせを体系的に探究するためにプログラムを作成してきた。マノヴィッチは、コンピュータ・フィルムのパイオニアであるジョン・ホイットニー（John Whitney）の初期の作品である《カタログ（catalog）》（1961）をエフェクトのデータベース作品の例として取り上げている。データベースの解釈が文字どおりにコンピュータ内のデータ空間から比喩的なレベルまで広義に捉えられているので、「データベース（型）映画」をいくつか指摘することができる。コンピュータを使った作品ではないが、日本の実験映画の代表作のひとつである伊藤高志の《SPACY》（1980-81）もデータベース型映画として分類できよう。体育館という現実空間から切り出された写真を素材に生み出される半仮想空間をナビゲートするシミュレーション映画といえる。また、かつてジガ・ヴェルトフ集団を名乗ったゴダールであるが、一九八〇年代から一九九〇年代にかけて制作された大作ビデオ作品《映画史（Histoire(s) du Cinema）》もまさにデータベース（型）映画といえるかもしれない。ゴダール自身の映画遍歴、映画人生、映画の記憶をデータベースとする空間をナビゲートする映画である。ゴダールというインターフェイスを通じた二〇世紀の映画史といえよう。

マノヴィッチは、コンピュータ空間の特徴をそのナビゲーションの可能性として捉え、ある状態から別の状態へ（例えば、仮想空間から現実空間へ、またはその逆など）の移行に関わるものをナラティヴとして広義に解釈し、前衛映画からの連続性をインタラクティヴなインスタレーション作品やマルチメディア作品に見出して、その可能性を展望していく。ここでは映像作品を中心に見てきが、デジタル時代の映像論を構築する上で、特に前衛映画／実験映画／ヴィデオアートを再考し、メディアアートとしての映像表現を考察する上で、マノヴィッチの『ニューメディアの言語』は有効な検討材料を提供してくれるといえよう。

スクリーンの系譜学　――マノヴィッチの『ニューメディアの言語』から

マノヴィッチは『ニューメディアの言語』の中で現在の状況を知る上で参考となる「スクリーン」の歴史的な変遷についてまとめている。

まずは次のような「スクリーン（画面）」の定義が確認される〈16〉。

（再現）表象空間への窓であり、それ自体は、我々の日常空間の中に存在する。

以下のように四つの段階に沿ってスクリーンの特徴が説明される。

①古典的なスクリーン
絵画を想定すればよいかと思われるが、その特性は、平面性、矩形の表面、対面性にある。

画面の縦位置／横位置は、風景画モード（水平フォーマット）と肖像画モード（垂直フォーマット）に分けられる。

②ダイナミックなスクリーン
シネマトグラフ誕生後の、映画・ＴＶ・ヴィデオの映像を想定し、時間的に変化するイメージを対象とする。

観客と映像の関係では、映画館やＴＶで見る映像と我々との関係が〝見ることの制度化〟として進行する。フレームの内側と外側の関係（フレームの機能）によって、意識の志向対象の変化が認識されてくる。アンドレ・バザンは、絵画のフレームを求心的、映画のスクリーンを遠心的と区別している。フレームの中への〝没入感〟や〝見ることの二重性〟あるいは〝見る主体の分裂〟について考えるようになる。

③コンピュータ・スクリーン（今日のGUI（Graphical User Interface）の基本）
1．重なる多数のウィンドウの共存（マルチ・ウィンドウ／マルチ・レイヤー）
2．リアルタイムの画面(レーダー(円形走査)やＴＶ画面(水平走査)の連続的な走査)
3．リアルタイムのスクリーンとインタラクティヴな操作（ライトペンなどの利用）

④ＶＲ（Virtual Reality：仮想現実感）

HMD (Head-Mounted Display) を装着。視野の中にフレームをもった窓的なスクリーンが存在しない、仮想空間に没入する体験。物理的なスクリーンの存在が消滅する。現実の物理的空間とヴァーチャルでシミュレートされた空間が一致・連動する。見上げる、振り向くといった頭の動きだけでも、見る者の身体性が見る対象に影響してくる。

映画館では暗い空間の中、観客は席に座って移動することなくスクリーンの中に集中する。基本的に見る者は不動であった。観客は、カメラや役者の視線に同一化しながら、ヴァーチャルな視線の移動を伴いながらも、〝身体の不動性〟が映画を見ることの快楽の本質であるという観方もでてくる。ＴＶの場合、画面が小さいこともあるが、明るい日常空間において移動が許される中で視聴する。「イメージ（フレーム）が動く／動かない」と「観客の動く／動かない」の関係から考察することも興味深い。

ＶＲでは、仮想世界の探索は、現実空間と同じように身体を移動することによって可能となる。ＡＲ（Augmented Reality）は、「ポケモンゴー」で知られるようになった〝拡張現実感〟である。スマートフォンのカメラ機能とGPSデータを利用するゲームとして、現実空間に情報空間を加えた拡張現実感を生み出す映像を手にもったスクリーンに映し出す。将来的にはHMDではなく、眼鏡のような〝スマートグラス〟をつけた日常生活が想像されるが、ＡＲの未来世界を映像で描いたケイイチ・マツダの作品《Hyper-Reality》（2016）【図4】は興味

4　ケイイチ・マツダ《Hyper-Reality》(2016)

深い。

[注]

1 Lev Manovich, *The Language of New Media* (The MIT Press, 2001), p. 301.（後に日本語版『ニューメディアの言語』堀潤之訳、みすず書房、二〇一三年が出版された。）

2 Lev Manovich <http://www.manovic.net/new_digital_cinema.html>

3 Lev Manovich, op. cit., p. 287.

4 岩本憲児『ロシア・アヴァンギャルドの映画と演劇』水声社、一九九八年、九三〜九五頁を参照。

5 Lev Manovich, op. cit, p. 298.（ゴダールによる「一秒間二十四フレームの真実」としての映画の定義を想起する。）

6 Ibid., p. 307.

7 Ibid., p. 312.

8 アドビの映像編集用ソフトの「プレミア」や「アフターエフェクト」などを例にあげている。

9 Lev Manovich, op. cit., p. 158.

10 Ibid., p. 159. 次の二作品が例示される『Baron Prasil (Baron Munchhausen)』(1961) と『Na komete (On the comet)』(1970)。

11 Ibid., p. 226.

12 Ibid., p. 238.

13 Ibid., p. 241.

14 Ibid., p. 276.

15 Ibid., p. 236.

16 Ibid., pp. 95-115.

[付記]

本章の「デジタル時代の映像論を求めて——レフ・マノヴィッチの「ニューメディアの言語」を手掛かりに」は、以下に発表した小論を加筆修正したものである：『美術フォーラム21：越境する美術史学』醍醐書房、二〇〇二年。

第五章　ミュージック・ヴィデオ研究

ポストTV時代の〝ミュージック・ヴィデオ〟

ミュージック・ヴィデオ（以下、ＭＶ）は、楽曲のプロモーションとして制作されたプロモーション・ヴィデオ（以下、ＰＶ）が中心であり、MTVが専門チャンネルとして開設される一九八一年までは、ＴＶで繰り返し見ることも限られ、テープなどが販売されるものも非常に限られていた。この意味でもＭＶは、研究することが難しい対象であった。しかしながらMTVが開局し、さらにYouTubeなどを通じてインターネット上で公開されるようになった以後は、検索し、視聴できる環境が増大した。またＴＶでは不可能な、オンラインの状態でのインタラクティヴな視聴が可能となったことで新たな表現の可能性が探究されるようになった。ここでは、デンマークの研究者であるコースガードの著書『Music Video After MTV』（2017）を参考にしてＭＶについて考察する。

＊

まずMTV前史で私の関心を惹いたのは、一九三〇年代に始まるアメリカの「ミュージカル」との関係から、振付師（コレオグラファー）であり監督としても活躍したバスビー・バークレー（Busby Berkley）である。ダンサーのフォーメーションのデザイン、集団の動きの構成は、多彩なカメラワークとの組み合わせにより、視覚音楽（Visual Music）や抽象的なアニメーションを彷彿とさせる映像作品である。特に頭上から撮影することでダンサーたちを万華鏡のように展開する振付演出は魅力的である。現代のＭＶにその影響が推測されるものは、ドローンを利用したワンテイク作品、OK GO による《I won't let you down》（2014）である。

一九五〇年代の最初のロックンロール・ミュージカル映画である《Blackboard Jungle（邦題：暴力教室）》（1955）のサウンド・トラックは、パイクが WGBH-TV 局内でレジデンスして実験制作した作品集である《グローバル・グルーヴ》（1973）の中でロックンロールを踊るダンサーのシーンで使われている。繰り返し〝ヴィデオ・フィードバック〟の視覚効果が用いられるシーンである。この二年後にロックバンドのクイーンのＭＶ《ボヘミアン・ラプソディー》（1975）の中でフィードバック効果が用いられ注目された。ヴィデオアートの初期にフィードバック効果は、多くの作家によって探究され使用されたので、その影響であろうと思われる（ＰＶは、常に話題性を得るために当時の先端的な映像表現を採用しようとする）。クイーンは近年でも話題となり、アナログ時代の代表的なヴィデオ・エフェクトがデジタル時代に再度、注目される切っ掛けともなった。

アンダーグラウンド映画の作家ケネス・アンガー（Kenneth Anger）による《スコルピオ・ライジング（Scorpio Rising）》（1963）は、ライダーの青年が集会に行くためにバイクを準備するシーンから始まる、フィクションと当時のドキュメンタリーや映画からの引用が織りなす作品であり、その後の《アメリカン・グラフィティ》（1973）など青春映画へと影響を与えていく短編作品である。セリフはなく、サウンド・トラックは、全編当時のポップミュージックが順次流される。車中のラジオから流れる音楽を聴いているような、アメリカで進行するモーター社会といった背景が想像させる。この作品がミュージック・ヴィデオの原型といわれる所以を理解できる。

最初の「promos」といわれるプロモーション・フィルムがビートルズ映画《A Hard Day's Night》(1964)、《Help!》(1965)のために宣伝用ツールとして制作された。現在でも全般的に演奏シーンが中心であるMVやPVであるが、リップシンクから逸脱し、楽曲のコンセプトの説明となる映像制作を行ったのである。

MTVが衛星放送の専門チャンネルとして開設された一九八〇年代初期に発表されたマイケル・ジャクソンの《スリラー》(1982)は、映画仕立ての前半と後半のダンスの振付で爆発的な人気を博し、その後のMVやPVに大きな影響を与えたといえる。コースガードも取り上げているが、私にとっても八〇年代で記憶に残る作品を二つあげるとすれば、a-haの《Take on Me》(1985)【図1】とピーター・ガブリエル(Peter Gabriel)の《スレッジハマー(sledgehammer)》(1986)【図2】である。《Take on Me》は実写の部分と〝ロトスコープ〟による線画のアニメーションのハイブリッドな作品であり、ロトスコープの表現が知られるようになる契機となった。《スレッジハマー》は、イギリスのクエイ兄弟(Quay Brothers)などのアート・アニメーション作家たちが参加した、多彩なアニメーション表現を見せる作品である。九〇年代に欧米のアート・アニメーションが日本に紹介されるようになり、特にチェコのヤン・シュヴァンクマイエル(Jan Švankmajer)は学生のアニメーション制作熱に火をつ

1 a-ha《Take on Me》(1985)

けた。

九〇年代後半からデジタル革命の流れによってヴィデオのノンリニア編集が個人でも可能な時代となり、インターネットの進化と共に二〇〇五年にYouTubeがスタートとすると、本格的にポストTVの時代となる。

＊

あらためてMVの定義をコースガードの著書『Music Video After MTV』から確認してみよう。彼はデンマークのベント・クリスチャンセン（Bente Kristiansen）による一九八五年の以下の定義を引用している〈1〉。

MVは、pop musicとrock musicに伴うヴィジュアルとして作られる短いヴィデオ映像作品である。ヴィデオは、ミュージシャンにはコマーシャルとして、観客にはエンタテイメントとして機能する。

コースガードはこの定義を七つの項目に分類して、二一世紀のポストTV時代の作品と比較検証し、その上でそれらに当てはまらない例外的な作品に着目していく。私にとってもほとんど見たことのない作品であり、一般的にも知られていない作品と出会うことになる。現在でも継続して放映されているMTVでも紹介されることは稀であろう。

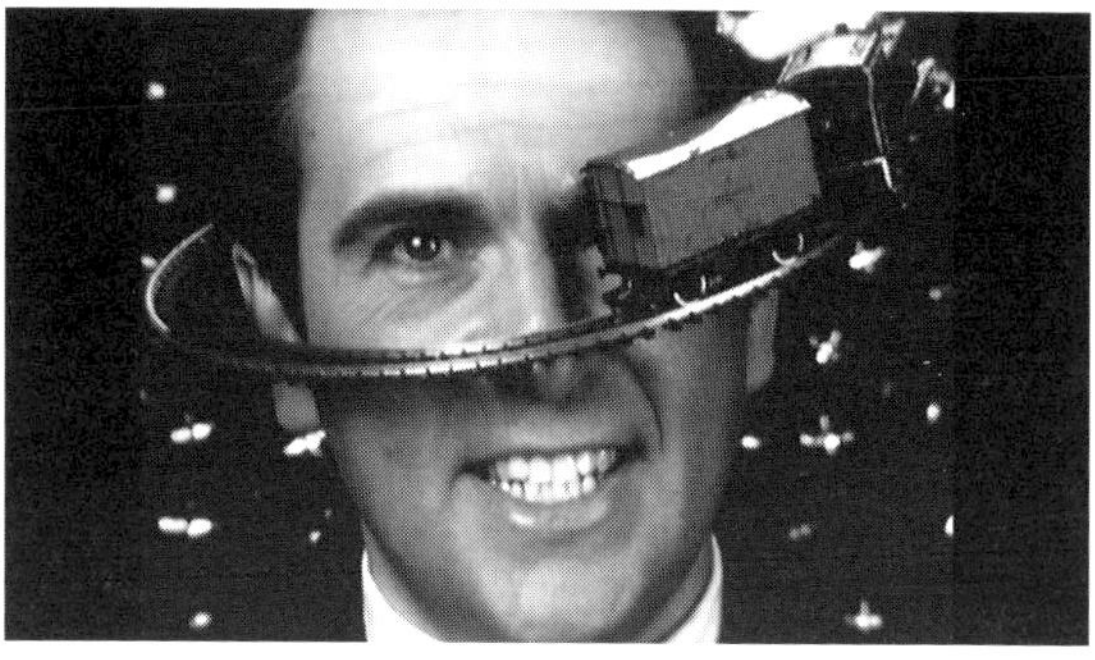

2　ピーター・ガブリエル《スレッジハマー》（1986）

例外的な特徴や作品をいくつかあげてみたい。

①通常三〜四分が基本であるが、時間の長い作品（三〇分前後のもの）や逆に非常に短いもの（一〇秒から一分以内）。

②ポピュラー音楽（pop music や rock music）ではない、クラシック音楽によるＭＶ。

例えば、二〇世紀末のリプチンスキーによる「オーケストラ作品集」（1990）がある。

③曲（サウンド）がヴィジュアルに先行して存在するのではなく、それらが同時的に制作されるＭＶ。

データベースとしての音楽など、多様な環境下で演奏シーンが収録されるもの。例えば、Fionn Regan《Be Good or Be Gone》(2007)。様々な再生装置による再生環境を収録するもの。例えば、Deerhoof《My Purple Past》(2009)。

④コマーシャルやエンタテイメントの目的ではなく、美術館での公開やコレクションの対象となるＭＶ。

例えば、ヴィデオアート作品として最初に美術館で三面マルチで発表され、その後、リミックスされて公開されたギル・スコット＝ヘロン（Gil Scott-Heron）の《New York Is Killing Me》(dir. Chris Cunnigham, 2010)。

＊

メディア論や映像論において興味深いボルター＆グルーシン（Jay David Bolter & Diane

Grusin）の「リメディエーション（再メディア化）（Remediation）の二重の論理」がMVに適用される。「イメディアシー（直接性・無媒介性）（immediacy）」と「ハイパーメディアシー（ハイパーメディア性）（hypermediacy）」との間の相互作用（混交、揺動）のことである〈2〉。ボルターは、イメディアシーを透明性（transparency）と交換可能な概念として説明する。日本語的には、メディアの「透明性／不透明性（ハイパーメディア性）」の関係として捉える方が理解しやすいかもしれない。メディア化の行為を意識させない「イメディアシー」。一方、メディア化の行為それ自体を可視化・可聴化し、メディアの物質的操作的特徴を気づかせる、意識させる「ハイパーメディアシー」。映像に対する「見るという意識の様態」をこのイメディアシー／ハイパーメディアシーの同時的揺動的関係として捉えることができる。これは、前述した「見ることの二重性」や「自我の分裂」といった関係と同じように捉えることができよう。

リメディエーションは、ある（old）メディアを別の（new）メディアで再現（表現）することを意味するが、W・J・T・ミッチェルの「あらゆるメディアは、ミクスド・メディア（mixed media）」であるという主張などを通じて、「インターメディアリティ（間メディア性）（Intermediality）」の概念と関連づける。コースガードは、「間メディア的参照（intermedial references）」としてリメディエーションを捉えることによって、MVを制作するための様々な戦略・手法としてリメディエーション（再メディア化）の具体例をあげている。

例えば、サイレント映画／TVニュース／コミック／ミュージカル／TVコマーシャル／新聞／ホーム・ヴィデオ／コンピュータ・ゲーム／Google／YouTubeなどの様式・スタイル・

手法を再メディア化したMVを紹介していく。ヴィデオ・アーティストにとっての「実験の場」でもあったMVを想定すれば、伝統的な映画からのアプローチとは異なる実験的な作品が取り上げられる。

「音楽の視覚的再メディア化／視覚の音楽的再メディア化」といったMVにおける音楽と視覚表現の双方向の再メディア化の創造的展開をそれぞれの特徴をリストアップして分類している。

具体的にMVの映像作家として著名なミッシェル・ゴンドリー（Michel Gondry）が監督した二作品、ケミカル・ブラザーズ（Chemical Brothers）の《Star Guitar》（2001）とカイリー・ミノーグ（Kylie Minogue）の《Come into My World》（2001）が分析される。ともに音楽の基本的構造といえる「ループと繰り返し」が特徴である。

《Star Guitar》は、列車の車窓からの流し撮りのイメージが中心であり、車窓のイメージがサウンドにあわせて編集されている。車窓から見える線路沿いの建物や構築物、すれ違う列車など、近景・中景が現実にはありえない状況で音・リズムに同期して視覚的にマルチな状況が展開する［図3］。《Come into My World》は、歌手のカイリーが街中のある一角を歌いながら一周する。モーション・コントロール・カメラを使って同じ動きを四回（四周）繰り返しながら撮影して合成するわけだ。しかしながら、周回ごとにカイリーの増殖に驚くだけではなく、カイリーの背景となる通りの人々の状況も周回ごとに増殖している［図4］。

この二つの作品は、日常的にはありえない情景に驚くとともに、一見、ありえそうな風景

3 ケミカル・ブラザーズ《Star Guitar》（2001）

として最後まで見てしまう。コースガードは、ステファン・プリンス（Stephen Prince）による用語「知覚的リアリズム（perceptual realism）」の概念を用いて説明する。「知覚的リアリズム」とは、「撮影することはできないが、確かな映像を創造するデジタル合成イメージ」[3]を意味し、例として映画《ジュラシック・パーク》（1993）の中で〃カメラの前に存在するかのように知覚的にリアルに見える恐竜〃の存在があげられる。ここでも二重の知覚としてイメディアシー／ハイパーメディアシーの関係で論じられる。さらに以下の三つの章から簡潔に紹介したい。

「イメージのポリフォニー」（第四章）では、マルチウィンドウの形式の作品が主に考察され、中でも印象的なものは、メディア・アーティストのクリス・ミルク（Chris Milk）によって制作されたアーケイド・ファイア（Arcade Fire）による《We Used to Wait》（2010）［図5］である。ウェブページ上に存在するインタラクティヴな参加型の作品である。体験した人の記録をYouTube上で見ることができる。

Googleのブラウザーの中で展開し、スタートする前に体験者（ユーザー）の子供の頃の住所を入力することが求められる。その後、走る人の映像のウィンドウが現れる。最初に入力した住所に関するGoogleマップやストリートヴューが別のウィンドウで追加される。途中でまた体験者に若き日の自分へのアドバイスの手紙を書くように促すウィンドウが現れる。マウスかキーボードを使って入力する。この手紙はデータベース化され、種を含む再生紙でプリントされたものが、後に郵送してもらえるようだ。この種がまかれ、リアルな世界

4 カイリー・ミノーグ《Come into My World》（2001）

で木に成長する可能性が示唆されている。おそらくこれに関連して、通りに樹木が植林されて増殖していくシーンがいくつかのウィンドウに現れる。また鳥の群れが飛ぶイメージも現れ、マウスの位置に反応してインタラクティヴに群れの動きが変化する。このように様々な機能をもつマルチウィンドウが共存するイメージとして進行する。タイトルからも伺われるが、〝待つ〟ことを当然のこととしていとわない旧来の文化と〝性急な〟現代文化の対比をハイブリッドな手法で体験させる。

この作品は、当初の「MVの定義」からは大きく逸脱し、インタラクティヴな操作を通じて体験者（視聴者、ユーザー）に特化した作品へと変貌している。ゲーム体験のように、プレイヤー自身は同じものを繰り返し視聴（体験）するのではなく、多様なバリエーションを享受することになる。〝ハイパーメディア性〟の高い作品である。

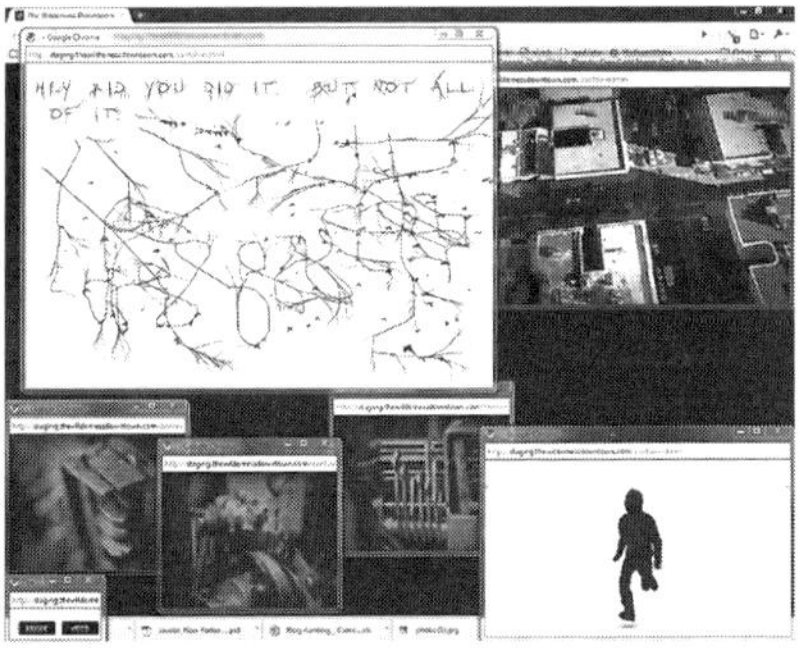

5 アーケイド・ファイア《We Used To Wait》(2010)

＊

「ハイブリッドな空間と不可能な時間」（第五章）では、その冒頭で実験映画作家のスタン・ブラッケージ（Stan Brakhage）の言葉を引用している〈4〉。

〝言葉が始まる前の世界〟を想像しなさい。

コースガードは、MVを「情動（affect）」の概念から説明するために、スティーヴン・シャヴィロ（Steven Shaviri）とブライアン・マッスミ（Brian Massumi）の著作を参考にしている。近年、情動論の研究が様々な分野で進んでいるが、コースガードに沿って考察してみたい。シャヴィロは、「MVは他の現代のデジタル視聴覚メディアのように、〝情動を生み出すマシン〟になる可能性をもつ」〈5〉と主張する。以下にシャヴィロによって要約された部分を引用してみる〈6〉。

……イメージやサウンドの情動性は、伝統的な映画の知覚から、それらの再現的責務から解放された時に生じる。シャヴィロによれば、情動が表面化する方法は、イメージが示すものを実際に解読するために観客が要する時間を越えて持続する時である――イメージがこの認知行為よりも長く続く時、我々の注意が逸れて、描かれた対象のまさに物質性やそれらの特殊な形に徐々に気づき始める。

シャヴィロはゴダールの映画《《ウィークエンド》（1967）と《彼女について私が知っている二、三の事柄》（1966）》のシーンを例にして説明している。

……もはや持続が認知や行為のために必要とされる時間として機能しなくなるように、イメージをいかにして異常に長い時間続かせるかについて記している。このように、別のタイプの時間性やほとんど停止した運動と同様に、イメージの延長された持続がイメージに情動性や身体性を与える。

……ＭＶの中に我々が十分に把握できないもの、理解する（understand）というよりも感じる（feel）ものがいつも存在する。ＭＶのある側面――いわばサウンドとイメージの間の視聴覚的相乗効果、イメージの増殖、サウンドとイメージの一定の抑揚、時空間的メタモルフォーズ――は、再現表象の解釈的構造を分析する方法によって、我々がＭＶのテクストから簡単に引き出すことができる安定した意味が必ずしも認められない。このことが主に〝視覚（visual）〟メディアが何をどのように意味するのかに関わる伝統的な（物語的／再現表象的／解釈的／視覚的）映画理論のアプローチよりも、むしろＭＶの情動的流れにより適合したアプローチを確立させるためのもうひとつの理由である。

コースガードがブライアン・マッスミから考察した部分を以下に引用する〈7〉。

……芸術の情動的な力は、〝知覚の再抽象化（re-abstracting）〟を可能にすることである。情動は、間違いなく知覚が再帰的に作用する時のみ現れる。その結果、我々は何らかの方法で〝見ることを見る（see seeing）〟、あるいはＭＶでは、〝聞くことを見る（see hearing）〟、また〝見ることを聞く（hear seeing）〟。ＭＶの感覚交差的、マルチモーダル的な性質は、〝解読可能〟というよりも、直接的に情動的な意味を生み出すので、ＭＶ

では共感覚的なメタ知覚への願望が情動的ポテンシャルを高める。

ここで知覚の「再抽象化」とは、英語の abstract の意味を「文脈から切り離す、解釈を引き延ばし難解にする」と解すれば、詩的言語に用いられる「異化作用」の意味に近いものとして理解できる。ロシア・フォルマリズムの理論家のシクロフキーの提唱した「手法としての芸術」の考え方や映像作家の松本俊夫によって主張された〝知覚の脱自動化〟や〝賦活作用〟といった言葉を思い出させる。

言葉で表現することが難しい情動的なものは、「言説を越えて、あるいは言説以前に存在する」と理解すれば、ヴィジュアル・ミュージックを〝眼のための音楽〟としてサイレント作品を中心に探究したブラッケージの先述の言葉と結びつくように思われる。今後、情動(affect)について実験映像(実験映画、ヴィデオアート)との関係から、さらに検討する必要がある。

＊

「ポストMV」(第七章)では、通常TVでは出会うことのないタイプのものであり、オンライン／インターネット上ならではの作品が主に取り上げられる。私自身、コースガードの著書『Music Video After MTV』に出会ったことで初めて知った作品が多い。この新しいタイプのMVを五つのカテゴリーに分類している(参加型／インタラクティヴ、ユーザーが生み出すコンテンツ、リメイク／リミックス、高解像度／低解像度、オルタナティヴな長さのもの）。

やはり「参加型／インタラクティヴ」なものが主要な特徴といえるが、iPadやiPhoneからもアクセス可能であり、コンピュータを前提とするネット上などで視聴体験できる興味深い作品を具体的に紹介している。コースガードは、その中でも特に三つの作品を取り上げて分析している。

まずは従来のMVの世界を大きく拡張したといえるビョーク（Björk）によるアプリケーション・アルバム《Biophilia》（2011）は、MVとゲームのハイブリッド形式であり、複数の楽曲を集めたLPレコードのようなアプリケーション・アルバムである。スマートフォンが普及した現在では指によるタッチ操作は日常的なものとなっているし、3DCGアニメーションを駆使した世界をナビゲートすることもゲーム世界では通常の操作風景となっている。また三六〇度ヴィデオ（VR）の機能を利用したMVでは、音楽を聴きながら、キーボードやマウスを使って、パンやティルトといったカメラに近いイメージ操作を実行できる。

一方、アヴァンギャルドで実験的なMV作品といえるデス・クリップス（Death Clips）の《Retrograde》（2012）もインタラクティヴなヴィデオ・プロジェクトであり、ユーザー（視聴者）自らが非常に短いGIFファイルからなる演奏シーンを組み合わせて体験するものである。一〇九個のファイルがYouTubeに用意されており、画面上にマルチイメージ（多数のウィンドウ）のスタイルにセットして視聴するわけだ。当初はバンドのHPにあらかじめ

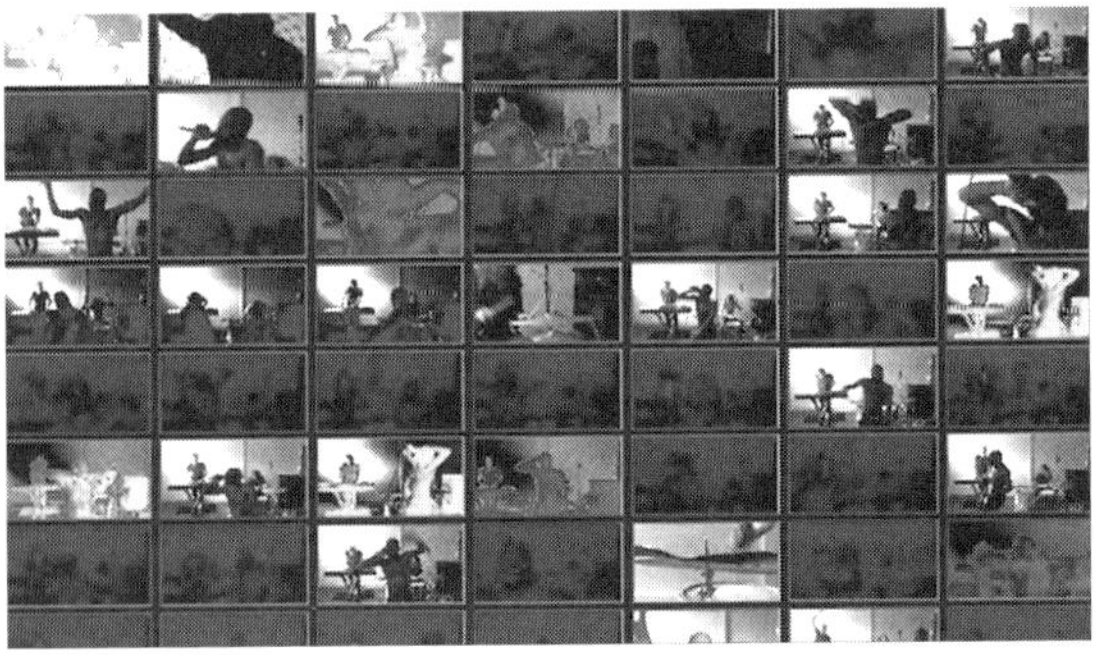

6 デス・クリップス《Retrograde》(2012)

一〇九個が画面上にセットされており、一〇九個を同時スタートすることができたようだが、現在は存在しない【図6】。視聴するたびに異なったものを体験することを意図するのであれば、HPなどであらかじめセットすることは好ましくないといえよう。ユーザーがコツコツと組み合わせて体験すべきであろう。

コースガードは、《Retrograde》の体験がアメリカ実験映画のポール・シャリッツ（Paul Sharits）の作品《T,O,U,C,H,I,N,G.》（1968）に近い催眠的なトランス状態を引き起こすことを述べている。《T,O,U,C,H,I,N,G.》【図7】は、アメリカ構造映画の代表作のひとつであり、色面と限られた数の静止画像が様々な順列組み合わせを展開するフィリッカー映画である（クレショフ効果やモンタージュ理論を意識した作品としてもみることができよう）。《Retrograde》は、マルチイメージ、マルチウィンドウからなる圧倒的な「イメージのポリフォニー」である。《T,O,U,C,H,I,N,G.》の単画面のリニアな形式を広帯域のマルチバンド化した構造といえよう。また《T,O,U,C,H,I,N,G.》は、短い言葉を高速で繰り返すサウンド・トラックをもち、聴覚体験としても興味深く、専門用語で「音脈分凝」といわれる反復に伴う〝錯聴効果〟を実体験できる。

もうひとつは、上記二作品とは異なり、事前に録音されたサウンドとイメージをデジタル処理したりするハイパーメディア性とは対極に位置するものであり、ライブ性や直接性を重視するスタイルのヴィンセント・ムーン（Vincent Moon）による《Take-Away Shows》である。様々なミュージシャンとコラボレートするシリーズ作品であるが、街中での即興的な演奏をド

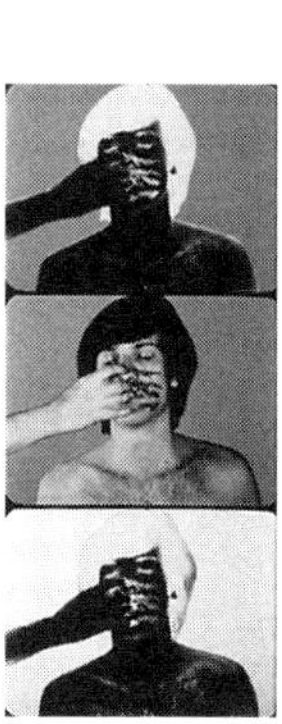
7 ポール・シャリッツ
《T,O,U,C,H,I,N,G.》（1968）

キュメンタリーのように撮影していく。手持ちのカメラでワンテイクが多い撮影スタイルは、フランスの〝シネマ・ヴェリテ〟の流れを受けたものであり、サウンドとイメージが同時に生み出されていく。フォークソングや民族音楽の素朴な演奏シーンを思い出させるが、ヴィンセント・ムーンは、日本の友川カズキを撮影したもの（2009）もあり、ディープな大阪のドキュメンタリーとしても楽しめる。

＊

実際にマウスやキーボードを使ったインタラクティヴな行為を伴わなくても、映像表現による身体的な反応を刺激する触覚的情動的な作品をコースガードは紹介している。日本の安室奈美恵の《Golden Touch》（2015）もそのひとつである。タッチスクリーンの体験をパロディー化したユーモラスなシミュレーション的作品である。この作品は、実際にタッチスクリーンを使わなくてもＴＶ画面上の指定された位置に指を置くことによって擬似体験できるものである。最近見たアルス・エレクトロニカのコンピュータ・アニメーション部門でも入賞した短編作品である水尻自子の《不安な体》（2021）は、皮膚とセロハンテープの粘着性や皮膚のブヨッとした感触、爪の端のささくれがめくれ上がる時、痛覚を刺激するようなシーンをシンプルなイメージでアニメーション化した作品である。情動的な身体的記憶を呼び起こす映像であるといえよう。

すでにオーディオヴィジュアル・スタディーズ(Audiovisual Studies)という研究領域がスター

トしているが、コースガードは、サウンドとイメージを一体化した視聴覚性（Audiovisuality）の連続体として考察することの重要性を強調する。

最近のYouTubeの状況

プロモーション・ヴィデオ（PV）やミュージック・ヴィデオ（MV）は、楽曲の存在が前提となり、そのためにイメージを制作することが基本である。近年、YouTube等の状況を見ると、サイレント時代の映画が著作権フリーとなり、最近の作曲者たちが自ら作曲したものをサウンド・トラックとして新たに付けてネット上に公開しているものが目立つようになった。特に一九二〇年代のヨーロッパ前衛映画など一〇〇年以上経過した作品を見ると、以前は著作権を無視して市販されているヴィデオテープやDVDからコピーしたものがたくさんネット上にアップされていたが、最近のAIロボット等による捜索によって、どんどん消されていった状況がある。その結果、市販されているヴィデオテープやDVDの発売元から数分程度の紹介バージョンは見受けられるが、作品全体のファイルを探すことは非常に難しくなった。以前は、授業の中で紹介する時は、購入したテープやDVDから見てもらっていたが、学生たちがもう一度見たい時にすぐ対応できるように、近年では、できる限りネットにアップされているものを紹介して見てもらうように切り替えてきた。コロナ禍でオンライン授業になった時からは、さすがにDVDから再生して流すわけにはいかず、ネットを参考にするようにした（ノートブックのPCにDVDドライブが装備されなくなったこともひとつの要因であるが）。このような状況から、ネットで作品を検索することが通常となり、それと同時にTVのようにコマーシャルが頻繁に挿入されるようになったことも問題となってきた。

少し前提の話が長くなったが、サイレントの作品にサウンドを付ける作業は、イメージの存在が前提であり、そこに音を付けることになる。市販されていたサイレント時代の前衛映画作品の場合、とりあえずクラシックの曲が付けてあるといったものも多く見受けられた。はっきり作曲家がわかっているもの、例えばレジェの《バレエ・メカニック》（1924）では、音楽界の悪ガキといわれたアメリカの作曲家ジョージ・アンタイル（George Antheil）によるサウンド・トラックは有名である。早くからレコードとしても市販されていたが、楽音以外の音が使用されたかなり複雑な曲であった。またマヤ・デレン（Maya Deren）の《午後の網目（Meshes of the afternoon）》（1943）は、最初サイレントで発表されたが、後に在米日本人テイジ・イトウによるサウンド・トラック（雅楽のような日本的なものを含む）が付いたもの（1959）がヴィデオテープで市販されて一般に知られてきた。このようなある程度有名となった作品が、最近新たに作曲されたサウンドや効果音が付加されたものとネット上で出会うと、それまで市販されていたバージョンのサウンドとの違いを意識化させられる。長く何度も聞いてきたサウンドとの差異に違和感を覚えてしまうことが度々である。作品がイメージとサウンドが一体となって記憶されていることを実感する。

［注］

1 Mathius Bonde Korsgard, *Music Video After MTV*, (Routledge, 2017), p. 25.
2 Ibid., p. 43.
3 Ibid., p. 72.
4 Ibid., p. 113.
5 Ibid., p. 114.
6 Ibid., p. 114.
7 Ibid., p. 115.

あとがき

約四〇年間、実習授業や講義を担当してきたが、この間に映像メディアは大きく発展変化してきた。アナログからデジタルへ、プログラミングからアプリケーション・ソフトの習得使用へ。一九七〇年代後半頃に経験したパンチカードやパンチテープ、モデムによるデータ転送が懐かしい。まさかコロナ禍のため、オンライン授業が中心となる時代まで教員を続けることになるとは思ってもみなかった。それまで自分用に作成していた講義ノートをオンライン講義用に調整して学生に配布公開することになった。その講義ノートの一部を本書の原稿とした。

また映像コンペの審査を通じて、毎年、多くの学生作品を見る機会をもつことができた。本年をもって、現在、グランフロント大阪の「ナレッジキャピタル」がスポンサーであるISCA（International Students Creative Award）の予備審査の担当を引退した。このコンペは松本俊夫先生が長年審査委員長を務められ、BBCCからBACA-JAへ、そしてISCAへとスポンサーの交代に伴って名称を変えながら継続されてきた。学校推薦・教員推薦の学生映像作品のコンペである。スポンサーから独立した組織として、大阪の企画制作会社「スーパーステーション」が継続して事務局を担当してきたことが、二〇数年間途切れることなく実施できた大きな要因といえよう。一九九〇年代中頃からスタートした本コンペは、デジタル革命が本格化する時期に始まった。最初のBBCCは、本格化しようとしていたハイビジョンによるハイバンド時代を迎えるにあたって、NTTが中心となった事業体の実験的なプロジェクトに使用するためのコンテンツとして学生作品を募集したことがスタートであった。当初は、八ミリや十六ミリのフィルム作品（ヴィデオテープに変換）も含まれていたアナログ・ヴィデオ作品が中心であったが、今年（2022）の予備審査では、遂にフィルム作品の応募はなかったように思われる。これまで作品が入選入賞した学生であった作家たちが今や教員となり、世代交代が進行している。

今年、文化庁主催の「メディア芸術祭」は終了し、来年、文化庁は京都へ移転する。京都は伝統と先端技術・芸術が共存する街だ。急に現代芸術から伝統芸術へ重心がシフトすることなく、両極間の活力ある豊かな関係性が常に考慮されていくことを願いたい。

現在の学生は、ほとんどがデジタル・ネイティブ（一九九〇年代後半以降に誕生）である。日本経済では「失われた三〇年」と言われた時期があったが、アナログ・ヴィデオ時代の「ビデオアート」の歴史が失われた三〇年とならないように受け継がれること、また八〇年代、九〇年代に美術館にコレクションされたヴィデオテープ作品が埋もれることなく活かされていくことを願うものである。

＊

私は〝メディアアートとしての映像〟を活動の場としてきた。「映像デザイン」は、言葉としても領域としても安定した感があるが、「映像アート」という名称・概念は、私の中でもいまだ不安定な存在である。

第一世代の実験映画やヴィデオアートの作家が徐々にこの世を去りつつある。私自身、第二世代の作家のひとりでもあるが、変化が激しく、毎年のように登場する新しいツールやソフトウエアを学びながら、制作活動をできる限り継続したいと思っている。

最後に、出版社三元社の東大路道恵さんには、度々お世話になり、ご協力いただいたこと、重ねてお礼申し上げます。また京都精華大学からは、出版助成していただいたことに感謝申し上げます。

二〇二二年十一月　　伊奈新祐

引用図版出典一覧

第一章

1　エジソンの「キネトスコープ」(1891)
ACM Museum : Kinetoscope-The American Society od Cinematograhers
https://theasc.com/asc/asc-museum-kinetoscope

2A　マルセル・デュシャン《アネミック・シネマ》(1926)
Don Yorty, Explosions: Marcel Duchamp at MOMA : Anemic Cinema
https://donyorty.com/2020/02/16/marcel-duchamp-moma-anemic-cinema/

2B　マルセル・デュシャン《アネミック・シネマ》(1926)
Dailymotion : Anemic Cinema Regux
https://www.dailymotion.com/video/x98hd9

第二章

1　マイケル・スノウ『Wavelength』(1967)
HYPERALLEGIC: The Complete Works of Influential Experimental Filmmaker Michael Snow Come to New York
https://hyperallergic.com/696373/michael-snow-retrospective-anthology-film-archives/

3　アベル・ガンス《ナポレオン》(1927)
THE INTERNATIONAL FILM MAGAZINE: Sight & Sound
https://www2.bfi.org.uk/news-opinion/sight-sound-magazine/features/abel-gance-s-napoleon-monumental-restoration

4　チャールズ&レイ・イームズ夫妻による博覧会の展示映像
上《アメリカ合衆国展望》(1959)
下《考える》ニューヨーク万博の IBM 館（1964）
incollect : The World Of Charles And Ray Eames
https://www.incollect.com/articles/the-world-of-charles-and-ray-eames

5　スタン・ヴァンダービークの〈ムービー・ドローム〉
Experimental Cinema : STAN VANDERBEEK
https://expcinema.org/site/en/wiki/artist/stan-vancerbeek

6　アンソニー・マッコール《円錐を描く線》(1973) のためのダイアグラム
MACBA : Line Describing a Cane,1973 – McCall, Anthony(2488)
https://www.macba.cat/en/art-artists/artists/mccall-anthony/line-describing-cone

7　マイケル・スノウ《中央地帯》(1971) のために制作された特殊撮影装

置のヴィデオ版の展示風景
Art Canada Institute : Michael Snow _ L'Institut de l'art canadien
https://www.aci-iac.ca/fr/livres-dart/michael-snow/mentions/

8　ヤン・ディベッツ《パースペクティブの補正を伴う一二時間の潮のオブジェ》(1969)
Land art : Landschapskunst
https://alisonalleman.weebly.com/jan-dibbets.html

9　キット・ギャロウェイとシェリー・ラビノヴィッチ《サテライト・アート・プロジェクト：地理的境界のない空間》(1977)
Leonardo Electronic Almanac : "Image as Place": THE PHENOMENAL SCREEN IN KIT GALLOWAY & SHERRIE RABINOWITZ'S *SATELLUTE ARTS 1977*
https://www.leoalmanac.org/vol19-no2-image-as-place/

10A　ピーター・キャンパス《Three Transitions（三つの移行）》(1973)
Flash Art : Peter Campus *Jeu de Paume / Paris*
https://flash---art.com/2017/04/peter-campus-jeu-de-paume-paris/

10B　ピーター・キャンパス《Three Transitions（三つの移行）》(1973)
Cristin Tierney : peter campus, Three Transitions, 1973
https://www.cristintierney.com/art-fairs/11/works/artworks-5429-peter-campus-three-transitions-1973/

10C　ピーター・キャンパス《Three Transitions（三つの移行）》(1973)
Museo Reina Sofia : Peter Campus-Three Transitions
https://www.museoreinasofia.es/en/collection/artwork/three-transitions

11　ナムジュン・パイク《TVチェロ》(1971)
Exit Express : Chariotte Moorman, TV Cello (1971)
https://exit-express.com/interdisciplinaridad-y-vanguardia/charlotte-moorman-tv-cello-1971/

12　ヴァリー・エクスポート《Auf+Ab+An+Zu (Up+Down+ On+Off)》(1968)
General Foundation : Collection
http://foundation.generali.at/en/collection/artist/export-valie/artwork/auf-ab-an-zu.html

13　ナムジュン・パイク《TVガーデン》(1974-78)
photo: Peter Tijhuis
48hills_Independent San Francisco news + culture : Review / photo: Peter Tijhuis
https://48hills.org/2021/05/review-nam-june-paik-presents-a-playful-prophet-of-the-electronic-superhighway/

14　ナムジュン・パイク《ヴィラミッド》(1982)
Whitney Museum of American Art : Exhibitions & Events / 99 Objects
https://whitney.org/events/99-objects-v-yramid-nam-june-paik

15　ヴォルフ・フォシュテル《TVデコラージュ》(1963)
Art Wiki : Wolf Vostell / 6TV De-collage
https://www.artwiki.fr/wolf-vostell/

16　フランク・ジレットとアイラ・シュナイダーによる《ワイプ・サイクル》(1969) のダイヤグラム
ZKM- Center for Art and Media : Wipe Cycle_Images
https://zkm.de/en/artwork/wipe-cycle

17　マリー＝ジョー・ラフォンテーヌ《鉄の涙》(1987)
Medien Kunst Netz : Photograph: Schmitt, Bernhard | © Marie-Jo Lafontaine
http://www.medienkunstnetz.de/works/les-larmes-d-acier/

18　久保田成子《Three Mountains》(1976-79)

国立国際美術館： Viva Video! 久保田成子展／photo: Peter Moore
https://www.nmao.go.jp/events/event/kubota_shigeko/

19　ファブリシオ・プレッシー《Tempo Liquido》（1993）
ZKM : Tempo Liquido ／photo: Franz J. Wamhof
https://zkm.de/en/artwork/liquid-time

20　ビル・ヴィオラ《彼はあなたのために涙を流す》（1976）
ArtPlastoc : ARTS PLASTIQUES EN LYCEE ET COLLEGE
https://artplastoc.blogspot.com/2018/07/904-souriez-vous-etes-filme-implication.html

21　ビル・ヴィオラ《十字架の聖ヨハネのための部屋》（1983）
TRINE ROSS : IT'S ALL ABOUT ART
https://www.trineross.com/bill-viola/bill-viola-room-for-saint-john-and-the-cross/

22　ビル・ヴィオラ《回廊》（1987）
Mediatic Magazine Vol. 2#3 Unnützer, Petra 1 Jan 1988
https://www.mediamatic.net/en/page/196383/bill-viola-at-the-moma

23　ビル・ヴィオラ《人間の町》（1989）
WIDOK 4. HISTORIA INSTALACJI
http://widok4.wrocenter.pl/en/viola/

24　トニー・アウスラーの小型プロジェクターを使った作品（1994）
Tony Ousler : gallery
https://tonyoursler.com/judy

25　ビル・ヴィオラ《天国と地上》（1992）
ResearchGate : Figs 24-26 – uploaded by Vaughn Pinxit
https://www.researchgate.net/figure/26-Viola-Heaven-and-Earth-1992-CBill-Viola-Photo-by-Robert-Keziere_fig10_301504171

26　ビル・ヴィオラ《眠る人々》（1992）
Pinterest : Bill Viola, The Sleepers Villa Panza
https://www2.oberlin.edu/images/Art067/Art067.htm

27　ゲーリー・ヒル《それはいつもすでに起こっているから》（1990）
GARY HILL : works
http://garyhill.com/work/mixed_media_installation/inasmuch.html

28　古橋悌二《LOVERS》（1994）
せんだいメディアテーク：対話の可能性／LOVERS: Canon ARTLAB
https://www.smt.jp/dialogues/lovers.html

第三章

1　TV番組『The Best of Ernie Kovacs（1950-62）』より
TRAVALANCHE – WordPress.com : Ernie Kovacs : Nothing in Moderation
https://travsd.wordpress.com/2013/01/23/stars-of-slapstick-62-ernie-kovacs/

2　ソニーの CV-2000 シリーズの TCV-2010
SMECC : Sony CV Series VIdeo
https://www.smecc.org/sony_cv_series_video.htm

3　ソニーのポータパック
video notes : Nam June Paik quote
https://videographynotes.wordpress.com/2020/06/19/nam-june-park-quote/

4　ナムジュン・パイク《Study 1: Mayor Lindsay》（1965）
IMDb : Study 1:Mayor Lindsay
https://www.imdb.com/title/tt10848228/

5　アンディ・ウォーホル《Outer and Inner Space》(1965)
ARTnews : Back to the Future:50 Years of Video Art at the Broad Art Museum,MSU
https://www.artnews.com/art-news/reviews/video-art-at-50-at-broad-art-museum-5828/

7　ヤン・ディベッツ《パースペクティブの補正を伴う十二時間の潮のオブジェ》
THE CENTRE FOR SUSTENABLE PLACTICE IN THE ARTS : LAND ART AND CHANGING PERSPECTIVES
https://www.sustainablepractice.org/2010/02/17/land-art-and-changing-perspectives/

8　ヤン・ディベッツ《暖炉としてのTV》
Stedelijk Museum : TV as a Fireplace – Jan Dibbets
https://www.stedelijk.nl/en/collection/6009-jan-dibbets-tv-as-a-fireplace

9　ビル・ヴィオラ「Ancient of Days」
NTT InterCommunication Center : "Ancient of Days"- Bill VIOLA
https://www.ntticc.or.jp/en/archive/works/ancient-of-days/

10　ビル・ヴィオラ「Ancient of Days」
LIMA : Ancient of Gays
https://www.li-ma.nl/lima/catalogue/art/bill-viola/ancient-of-days/218

11　ビル・ヴィオラ「Ancient of Days」
Scotiabank nuit blanche: Tronto Canada 2009: Bill Viola
http://ccca.concordia.ca/nuitblanche/nuitblanche2009/artists/a9.html

12　ビル・ヴィオラ「Ancient of Days」
ZKM : Bill Viola- Ancient of Days
https://zkm.de/en/artwork/ancient-of-days

第四章

1　ヴェルトフ《カメラをもった男》(1929)
BAMPFA : National Silent Movie Day :The Man with a Movie Camera
https://bampfa.org/event/man-movie-camera

2　リプチンスキー《Tango》(1982)
CULTURE,PL works : Tango-Zbigniew Rybczynski
https://culture.pl/en/work/tango-zbigniew-rybczynski

3　リプチンスキー《Steps》(1987)
ZKM : Zbigniew Rybczynski - Steps
https://zkm.de/en/artwork/steps

4　ケイイチ・マツダ《Hyper-Reality》(2016)
Gigazine : VRに支配された恐るべき未来を描く「Hyper-Reality」
https://gigazine.net/news/20160523-hyper-reality/

第五章

1　a-ha《Take on Me》(1985)
EXPLORE Entertainment : The secret history of a-ha's iconic video 'Take on Me'
https://ew.com/article/2015/10/26/a-ha-video-take-on-me/

2　ピーター・ガブリエル《スレッジハマー》(1986)
RollingStone : The 100 Greatest Music Videos
https://au.rollingstone.com/music/music-lists/best-music-videos-28407/peter-gabriel-sledgehammer-28501/

3　ケミカル・ブラザーズ《Star Guitar》(2001)
Quora : How was this video technique from the Chemical Brothers' Star Guitar created?
https://www.quora.com/How-was-this-video-technique-from-The-Chemical-

Brothers-Star-Guitar-created

4　カイリー・ミノーグ《Come into My World》(2001)
UN ANO DE CANCIONES : 323. 》Come into my world 》Kylie Minogue
https://revistaberlin.wordpress.com/2017/11/19/323-come-into-my-worldkylie-minogue/

5　アーケイド・ファイア《We Used To Wait》(2010)
WIRED : Google and Arcade Fire Team for HTML5 'Experience'
https://www.wired.com/2010/08/google-and-arcade-fire-team-for-html5-experience/

6　デス・グリップス《Retrograde》(2012)
VICE : noisey-MUSIC BY VICE : Noise Rap Trio Death Grips Debuts A Music Video In 109 GIF Pieces
https://www.vice.com/en/article/535a5z/noise-rap-trio-death-grips-debuts-a-music-video-in-109-gif-pieces

7　ポール・シャリッツ《T,O,U,C,H,I,N,G.》(1968)
DINCA : Film Stills : T.O.U.C.H.I.M.N.G. (1969) by Paul Sharits
https://dinca.org/film-strips-t-o-u-c-h-i-n-g-1969-by-paul-sharits/

伊奈新祐（いな・しんすけ）

一九五三年愛知県生まれ。映像作家。主に実験映像（実験映画、ヴィデオアート）とメディアアートを研究。九州芸術工科大学（現・九州大学）大学院博士後期課程単位取得退学。九州芸術工科大学画像設計学科助手を経て、現在、京都精華大学大学院教授。著作に『メディアアートの世界――実験映像1960-2007』（編著、国書刊行会、二〇〇八年）、訳書にクリス・メイ=アンドリュース『ヴィデオ・アートの歴史――その形式と機能の変遷』（三元社、二〇一三年）、マイケル・ベタンコート『モーション・グラフィックスの歴史――アヴァンギャルドからアメリカの産業へ』（監訳、三元社、二〇一九年）などがある。

メディアアートとしての映像
映像アートとは何か？

著者　伊奈新祐　©Shinsuke Ina, 2023
発行日　二〇二三年二月二八日　初版第一刷発行
発行所　株式会社 三元社
東京都文京区本郷一―二八―三六　鳳明ビル一階
電話 03-5803-4155
ファックス 03-5803-4156
印刷　モリモト印刷 株式会社
製本　鶴亀製本 株式会社
コード　ISBN978-4-88303-562-5